U0580097

Welt und
Person

世界与人

阿伦特社会批判的人类学背景

〔德〕拉埃尔·耶吉 著

郑朗 译

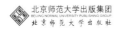

北京师范大学出版集团
BEIJING NORMAL UNIVERSITY PUBLISHING GROUP
北京师范大学出版社

总　序

21世纪以来，当代德国哲学似乎风头不再。除了哈贝马斯和霍耐特仍不时出版著作，提醒着人们德国的"学统"仍然赓续不绝，似乎很少再有什么特别引人关注的人物、著作和思想出现。这不但与法国哲学和英美哲学的风头无两的局面形成了鲜明的对照，也更难与作为西方哲学史上的高峰即以康德、黑格尔等为代表的德国古典哲学所受到的关注相提并论。从二战后至今，德国哲学除了法兰克福学派，尤其是哈贝马斯、霍耐特等少数思想家的著作得到了较多但并不系统的翻译和研究，它在国内整体上显得"边缘化"。究竟是德国学界整体上思想"贫瘠"，还是他们确实出现了诸多成果但没有得到国内学界的真正重视？这需要在学术上给予澄清，更应该在事实上予以改善。

一

马克思主义研究需要"瞻前顾后"。所谓"瞻前"，是指马克思主义研究需要不断"回到马克思",既要进行基础性的文本文献研究工作,这相当程度上可以视为"马克思学"的研究主题,也要挖掘和阐发马克思、恩格斯的思想。所谓"顾后",则是指马克思主义研究应该及时关注国外左翼学者尤其是国外马克思主义研究者最新的研究进展。他们关于当下晚期资本主义的分析和批判,应该成为国外马克思主义哲学研究的主要论域。进而言之,西方马克思主义著作的译介在一定程度上能够推动马克思主义的研究。正如习近平总书记所说,"学习研究当代世界马克思主义思潮,对我们推进马克思主义中国化,发展21世纪马克思主义、当代中国马克思主义具有积极作用"。

正是基于上述考量,我们这个团队的主要成员基本上形成了这样的认识,马克思主义研究需要在一定程度上做到"一体两翼"。所谓"一体"指的是马克思主义理论。作为马克思主义研究者,我们需要把主要精力放在马克思主义理论的阐释和发展上。青年马克思在《〈黑格尔法哲学批判〉导言》中提出,德国需要彻底的革命,以便让人们获得解放,而"这个解放的头脑是哲学",这就为马克思主义研究者奠定了永恒的主题。

所谓"两翼"一是指马克思主义经典作家尤其是马克思恩格斯的文本文献研究;另一则是指西方马克思主义研究。马克思恩格斯文本文献研究由于能够奠定马克思主义研究的文献学基础,夯实研究者的基本功,因此能够让研究者"飞得更稳"。西方马克思主义的研究主题日新月异，能够及时对西方资本主义社会或者更宽泛地说现代社会出现的问题做出及时反映，并在一定程度上能够加以深刻且富有启发的反思。不管是对现代性的整体反思，还是对资本主义社会诸种危机的鞭辟入里的分析，不管是对资本主义制度的全面批判，还是试图借助西方传统思想资源"重构"现代人的生活方式，西方马克思主义基本上都"在场"。正如陈学明先生在其《西方马克思主义在中国的传播与影响研究》中所指出的，西方马克思主义不但推动了改革开放以来"一系列的理论创新"，而且任何轻视和忽视西方马克思主义的做法"都会造成马克思主义发展史的'缺环'，都会破坏马克思主义'谱系'的完整性"。

作为西方马克思主义最重要的学派之一，法兰克福学派及其批判理论的影响可以说是全面且深入的。我们不但在哲学领域能够看到法兰克福学派的重要思想家及其著作不断出现，而且作为该学派基本内容的批判理论被当做重要的理论分析工具，还渗透到了社会学、政治学和思想文化等诸多领域。如果从 1923 年法兰克福学派的机构即社会研究所（Institut für Sozialforschung）算起，今年恰好是法兰克福学派的百年华诞。在其百年的发展历程中，从霍克海默、阿多诺，经由马尔库塞、哈贝马斯，直至当下被人们关注的霍耐特，法兰克福学派已经不再是简单的"星丛"，而是构成了一道既有历史持久性，也有内容广泛性和深刻性的思想"星河"。"传统理论和批判理论"的对比分析，启蒙辩证法和否定辩证法的持久影响，交往行动理论的广泛应用，直至承认理论得到广泛"承认"，都彰显了这一学派的持久生命力。

　　法兰克福学派之所以能够称得上是一个学派，最重要的原因之一在于在这个学派内部的思想传承和发展之间保持了一种必要但又适度的张力。该学派成员都比较关注社会现实，继承了马克思的批判精神，并将批判的矛头指向了现代资本主义。但它们在哲学思想层面并没有要求一致性，反而表现出了巨大的差异性。阿多诺、霍耐特、耶吉等人比较偏爱黑格尔的思想传统，喜欢在黑格尔那里找到更多的理论资源，而哈贝马斯（尤其是晚期思想）、福斯特等人则具有比较明显的康德主义倾向。但是，该学派内容的张力恰恰刺激了该学派的发展和壮大，在一定程度上为国内学者研究马克思主义提供了新的研究视角和新的理论资源。更重要的是，他们既重视凸显自身理论上的"独特性"，也会不遗余力地借鉴和吸收对手甚至是学生的观点，在"如切如磋，如琢如磨"中成全自身，推动法兰克福学派、批判理论乃至西方学界研究领域的拓展。耶吉的学术思想就是在这种语境中发展和逐渐成熟的，因而，她的思想观点既具有非常明显的法兰克福学派的特点，也日益成为法兰克福学派当今发展不可或缺的一环。

二

作为法兰克福学派最具原创性和代表性的学者，耶吉教授与她的老师霍耐特和其他学术前辈之间既具有相似性，也具有自身的特点。就其相似性而言，耶吉秉承法兰克福学派的传统，注重从黑格尔和马克思的哲学思想中吸取理论资源，比如，她的《生活形式批判》就明显继承了黑格尔和马克思的传统，一方面在批判生活形式时试图恢复黑格尔在客观精神中特别强调的伦理生活，从而反对康德和康德哲学传统的形式主义道德哲学，另一方面，她将生活形式归结为一种"惰性实践的总和"，这很难不让人联想到马克思的实践观和"人的本质是一切社会关系的总和"的论断。就其创新性而言，耶吉一方面将理论资源扩展到了美国哲学传统，尤其是杜威的实用主义教育哲学，并予以理论上的改造，另一方面吸收了 20 世纪以来现代哲学的反形而上学旨趣，尤其是反对本质主义的倾向，她把异化界定为"无关系的关系"就是证明。

根据我们的理解，耶吉教授的思想发展具有高度的内在融贯性，到目前为止，她的论著之间共同构成了一个思想链条。与哈贝马斯晚年发生了自由主义转向不同[①]，

---

① 哈贝马斯的哲学思想或许过于庞大，因而其哲学立场在晚年表现得非常矛盾。一方面，当他与罗尔斯就理性的公用进行争论时，他明确承认自己与罗尔斯之间的争论是家族内部的争论，这里的家族显然是自由主义族系；另一方面，当他在新近接受采访时，又明确表达过自己的马克思主义立场。

她的思想没有出现剧烈变化；与霍耐特把"承认"概念作为其整个思想体系的核心不同，她的论著似乎也没有仅仅围绕着一个核心论题展开。但是，从异化理论到生活形式批判，然后再到对资本主义的批判，她最终形成了一套完整的现代资本主义社会批判理论。

耶吉教授的第一本也是篇幅最小的专著是《世界与人》(Welt und Person)。然而，就是这本小册子，尽管主旨是从阿伦特的政治—社会哲学出发讨论社会、政治以及世界和个人之间的关系，但其中对阿伦特"世界异化"的讨论为其成名作《异化》(Entfremdung)全面讨论"异化"作了理论铺垫，其《生活形式批判》中所提出的具有集体实践特征的'生活形式'"也与这本小册子中阿伦特以主体间行动来界定的政治和社会运动相关。不仅如此，这本小册子还奠定了其之后一以贯之的反本质主义立场，以及方法论上对内在批判的坚持(Immanente Kritik)。

作为耶吉教授最具代表性和原创性的著作，《异化》在一定程度上复活了似乎已经失去了生命力的"异化"概念。正如霍耐特为这本著作所作的序言中所说，由于传统的"异化"概念建立在本质主义基础之上，当20世纪哲学开始追求一种后形而上学(甚至是反形而上学)和反本质主义时，如何在新的语境下发展"异化"就成了一个"难题"，这也让很多哲学家对此望而却步。耶吉在充分吸收黑格尔—马克思传统的异化理论以及存在主义异化理论的合理内核的基础上，对异化概念作出了反本质主义的发展，将异化概念界定为"无关系的关系"，将其视为人的本真性（Authentizität）丧失，从而为异化批判确立了规范性基础。但是，耶吉尽管仍然像大多数哲学家一样寻求社会—实践哲学的规范性，但并非单纯的思辨论证，而是通过四个极具独立性但同时从不同侧面体现现代人异化状态的具体案例勾勒人的异化状态，对异化现象作出了微观分析，从而重构了异化概念。在此基础上，耶吉将传统异化概念强调的自由、解放、自我实现以及自我决定等概念进行了更为充分的分析和诠释，详细论述了自我异化和社会异化之间的关系。

耶吉在《异化》中讨论主体并没有随着该书的出版而告一段落，相反，其中很多内容在她的另一部重要著作《生活形式批判》（*Kritik von Lebensformen*）中得到了延续和发展。从宏观层面看，异化现象的盛行必然导致人们对现代社会的反思，进而促进人们考虑现代社会的转型问题，这恰恰是《生活形式批判》的重点研究内容。实际上，如果我们带着自身的"前见"来解读耶吉的异化理论，那么她从微观的甚至是生活化的场景中讨论人的异化，必然也会导致应该从具体的生活语境中分析异化的"扬弃"，这种思路自然而然会更倾向具有一定情景主义的伦理解决方案，而不会倚重形式主义道德。因而，耶吉在《生活形式批判》导言中开宗明义批判了当代自由主义的"伦理节制主义"（ethische Enthaltsamkeit），并且在批判方法上更侧重伦理和文化批判——尽管她试图把功能性批判、道德性批判和伦理性批判综合应用——同时把批判的矛头直接指向了仅仅重视道德分析或批判的罗尔斯和哈贝马斯。也正是在此意义上，耶吉毫不讳言黑格尔对其思想的影响，同时对麦金泰尔等社群主义者表现出来更明显的亲和性。当耶吉试图通过学习作为现代社会转型的动力机制时，伦理主义强调的传统也就成了其非常重视的资源。

如果说上述著作展现了耶吉的思想发展立场，那么她和弗雷泽以对话体的方式共同完成的《批判理论视域中资本主义》(*Capitalism：A Conversation in Critical Theory*)则可以视为其理论的阶段性总结，因为截至目前耶吉所有的著作都或明或暗地指向了资本主义批判。她在这部著作中根据经济生产和社会再生产、自然领域和经济领域、经济和政治以及剥削和剥夺的制度性分离，论述了资本主义发展的四个阶段，即商业资本主义、自由竞争资本主义、国家管理资本主义和金融资本主义。她们一方面指出，资本主义当前面临着"总危机"，因此需要从功能主义的、道德的和伦理的角度进行批判；另一方面，要求重视资本主义的制度性分离导致的边界斗争及其解放意义。关于批判方法的论述，耶吉不但在《生活形式批判》《批判理论视域中的资本主义》等著作中给予了论证和应用，而且还专门编辑出版了《什么是批判》(*Was ist Kritik*)一书，更为集中和充分地讨论了"外部批判""内部批判"和"内在批判"以及功能性批判、道德性批判和伦理性批判的具体定义，在一定程度上深化了人们对作为方法的批判的认识。

三

从学术的角度而言，我们认为在学术著作的译介方面，应该多向国外同行学习。在访学期间，我注意到国际上比较重要的学术著作，德国同行基本上都会非常及时地将其翻译成德文，比如齐泽克、阿甘本等人的著作。日本学界同样如此。当我们在研究马克思早期思想而苦于缺少相关的背景资料（比如关于鲍威尔等青年黑格尔派的一手文献）时，日本学界已经基本上把这些文献翻译成了日文，大体上完成了这项任务。我想这也是日本马克思主义研究能够取得让人敬佩的成就的原因之一。

如果承认国外马克思主义的理论价值，那么可能需要进一步解释的就是为什么选择法兰克福学派中目前比较有影响力的拉赫尔·耶吉教授的著作。关于法兰克福学派，我们不打算在这里解释太多，因为这一学派对国内学者而言太熟悉了，且不说霍克海默、阿多诺、马尔库塞以及目前得到世界哲学界广泛认可的哈贝马斯，就是霍耐特乃至福斯特等人也都开始受到越来越多的关注。上文提到的国内正在陆续出版的几位著作家的文集就已经证明了这一点。但为什么要选择翻译耶吉教授的著作，则需要做个简要的非学术方面的解释。

严格来说，国内系统翻译和研究耶吉的论著的成果并不多。除了部分学者的少量译文和研究其异化和生活形式批判的论文外，甚至还没有系统研究其思想的论著。① 但这并不意味着耶吉教授的著作没有原创性和影响力，国内对她的忽视相对而言有些"不公平"。耶吉教授在 2012 年曾在复旦大学开设过"社会批判和现代政治"（Social Critique and Modern Politics）研讨班，但奇怪的是，她的这一活动并没有引起太多关注，更没有形成持久影响。这可能是因为她比较年轻，她的理论以及她在法兰克福学派中的学术地位没有得到充分认可。这种情况一直持续到了 2018 年。当平卡德教授在接受学术采访的时候论及法兰克福学派时，专门提到了福斯特和耶吉。尤其是，随着霍耐特的《物化：承认理论探析》、罗萨的《新异化的诞生：社会加速批判理论大纲》等著作的翻译和引介得到了一定的改观，因为两位作者在自己的著作中都承认耶吉的《异化》一书对他们有过或直接或间接的影响。2018 年，我们有幸受耶吉教授邀请赴洪堡大学访学，这给我们提供了了解耶吉和全面阅读理解她的著作的机会。

在洪堡大学访学期间，我们一直参加耶吉教授及其

---

① 根据笔者的不完全了解，国内相对较系统研究耶吉教授的学位论文只有两篇，而且都是篇幅较短的硕士学位论文。

团队组织的研讨班，向德国同行乃至世界一流学者学习（期间耶吉教授曾邀请查尔斯·泰勒教授到洪堡大学学术交流）。更重要的是，我们利用与耶吉教授为数不多的直接交流的机会（不巧的是，在我们访学期间，耶吉教授又应邀到美国访学交流半年有余），向她表达了翻译其著作的意愿。尽管当时她比较高兴地应允了此项"工程"，但仍表现出了些许的"担忧"，毕竟，她虽算不上是著作等身，但在国际学界颇有影响且具有相当理论深度的著作业已发表了几部。

当代德国思想在国内遭受"冷遇"的状况最近几年正在起变化，这种变化最直接的体现就是译介德国学术著作的逐年增多。国内学界不但开始系统翻译德国古典哲学，先后出版或正在出版《康德著作全集》《黑格尔全集》以及《谢林著作集》等，而法兰克福学派的重要著作家的著作也得到了关注和集中翻译，并且先后出版了《阿多诺选集》《马尔库塞文集》《福斯特选集》等译著。这些翻译工作无疑会推动马克思主义研究的深入。我们这套译丛，目的之一也在于在推进国内德国思想研究和国外马克思主义研究上贡献绵薄之力。

需要补充的是，这套书尽管数量不多，但由于这是我们首次主编学术类译丛，因此在翻译和出版过程中波折不断，时间上也一再拖延。虽然我们体会到了作为主编的不易，但我们更想在这里感谢参与翻译的各位译者，对他们的辛苦付出深表感谢和敬佩。当然，我们的翻译或许存在很多不足之处，我们也诚恳希望方家给予指点。在出版过程中，北京师范大学出版社的祁传华老师、刘溪老师等不但提出了编辑方面的意见，而且给予了很多专业方面的支持，更是对我们的"拖延症"表现出了极大的耐心，我们在表达自己谢意的同时，也想表达我们的歉意。子曰："益者三友：友直，友谅，友多闻。"（《论语·季氏》）对于这样的"益友"，我们希望和他们有更多的合作机会，得到他们更多的帮助。

田毅松　王贵贤

2022 年 3 月

前　言

汉娜·阿伦特的哲学可以被理解为一种社会批判哲学。从瓦恩哈根的传记到极权主义的分析，社会对她而言是要求顺从的统治关系，也是对政治公共空间的扭曲，同时也构成了对实现人的自由而言危险的限制条件。在这一点上阿伦特的众多阐释者并没有异议，但相反，他们的批判所依赖的标准却是成问题的。阿伦特通常被预设站在了一种反现代的精英主义的立场之上，带有一种"古希腊怀乡症"（hellenistic nostalgia）以及 20 世纪 20 年代的时代精神。阿伦特寄希望于对现代大众社会进行保守的文化批判，这种批判作为一种解放性的批判，似乎相当贴切。但阿伦特政治行动观念中所隐含的激进民主主义成分，与上述论断针锋相对。这种观点认为，阿伦特的现代批判实际上面向的是个体自主的行动能力和自我决定的理想状态。

我想将阿伦特的社会批判充分应用于针对社会病理

学的某种社会哲学分析当中。而这只有当她的社会批判在面对她的政治概念的批判性尺度时依然能够站得住脚的情况下，才是可行的。这同时又要求我们意识到她思想当中特殊的混合成分——一种发端于亚里士多德的自由公民进行自我管理的共同实践导向和由马丁·海德格尔所启发的"本真性"（Authentizität）理想。对政治的追问便是对完美的世界和自我关系的追问。阿伦特的中心诊断也可以表述为：现代社会充满了"世界异化"（Weltentfremdung）现象的烙印。但如何理解这种诊断呢？这里的"世界"意味着什么？如何描述这种被世界"异化了的"主体？那种与之相反的、完美的世界和自我关系是怎样的？本书前两章重构了现代社会中政治排斥的原因，紧接着借助于对"世界"概念的处理——一种海德格尔的世界概念的变形，以及对"人"的概念的阐释——一种与市民阶级的内在性相反的尝试，澄清阿伦特社会批判的哲学和人类学背景前提。这种概念综合式的而非基于著作史和语言学意义的分析的终点，是对异化的本质主义理论的告别和更新。

本书是在我 1995 年夏天在柏林自由大学哲学系所提交的硕士论文的基础上加工而成的。和往常一样，有很多人以不同的方式协助了本书的写作。我尤其要感谢阿克塞尔·霍耐特有趣而细致的指导。他将事实性的强度与争论的开放相结合的切入哲学问题的方式，帮助我在困难时期重拾哲学工作的乐趣。皮特·富尔特在我入学之初便激发起我对阿伦特的兴趣。在对政治经验和哲学问题的反思当中，我的朋友维尔纳·考尼策长久以来作为我重要的对话伙伴，在我思考的诸多方面给予了我启发。我也感谢古斯塔夫·法尔克，没有他这本书便难以付梓出版：本书得以初具雏形，得益于他谨慎的催促，以及在稿件修改过程中的帮助。本书的出版商弗兰克·波特谢尔表现出了无限的耐心。在此我要感谢他们所有人。

柏林"普鲁士文化遗产国家图书馆"在我整个读书期间，是我重要的工作地点：它既是"公共空间"，也是抽身事外的场所。感谢所有赋予它这个功能的人。

在此能够表达内心的时刻，我更要感谢安德里亚斯·费舍尔。

拉埃尔·耶吉

柏林，1997 年初秋

书中缩写说明

LGD：汉娜·阿伦特：《精神的生活》第一卷《思想》

MifZ：汉娜·阿伦特：《黑暗时代的人们》

MG：汉娜·阿伦特：《权力与暴力》

Rev：汉娜·阿伦特：《论革命》

TotH：汉娜·阿伦特：《极权主义的起源》

VA：汉娜·阿伦特：《人的境况》

VZ：汉娜·阿伦特：《在过去与未来之间》

WiP：汉娜·阿伦特：《什么是政治》

SuZ：马丁·海德格尔：《存在与时间》

目　录

第一章　社　会

"一个值得注意的中间王国"：
阿伦特和黑格尔的市民社会

"社会"的诞生对阿伦特而言是一个现代现象。社会在近现代的出现被描述为"家庭和经济活动在公共领域的崛起"（VA 35），它并非人类共同生活的一般性的超历史系统，而是在历史中生成的社会关系的形式。"当家庭内部及本属于它的活动、照管和组织形式，从屋子的黑暗中走出，进入到公共政治生活的光明之中，社会空间便形成了。"（VA 38）因此，阿伦特批判性地将社会视为一个"值得注意的中间王国，在这个王国中，私人利益具有公共属性"（VA 36）。即使它的历史定位仍然存在争议，但有一点似乎明确，即阿伦特所说的现象与黑格尔在法哲学中首次做出概念描述的"市民社会"不谋而合。①因此为了理解阿伦特的社会批判的要点，有必要将其与黑格尔的市民社会理论进行对比：二者的诊断虽然惊人的相似，但却得出了不同的结论。

黑格尔使用"市民社会"一词来描述"介于家庭和国家之间"的"财产和权利的体系"②这个现代分化现象。市民社会成为前现代的社会联结解体之后新的、事实化的关系体，在此关系体当中，个体过着自己的生活。这一关系体不仅具有一种经济本质，还包含着对个体作为法人的承认以及他的"社会文化"关系的整体构成。市民社会因此体现出双重过程：一方面是家庭的私密关系和规模向"核心家庭"(Kernfamilie)不断挛缩，另一方面则是现代宪政国家的形成。同古代社会中"家政"(Oikos)和"城邦"(Polis)③中的公共生活处于分离状态不同，也与中世纪政治社会及其所依赖的市民社会和政治地位的关联正相反，经济

①　参见［德］黑格尔：《法哲学原理》(苏尔坎普出版社，理论著作集第七卷)，第182—256节，美茵河畔法兰克福，1989。G. W. F. Hegel, *Grundlinien der Philosophie des Rechts* (Suhrkamp Theorie Werkausgabe Bd. 7), Frankfurt a. M., 1989, §§ 182-256。

②　黑格尔在批判自然法一文中如此定义。参见［德］黑格尔：《耶拿著作集》(苏尔坎普出版社，理论著作集第二卷)，第492页，美茵河畔法兰克福，1986。G. W. F. Hegel, *Jenaer Schriften* (Suhrkamp Theorie Werkausgabe Bd. 2), Frankfurt a. M., 1986, S. 492。

③　"家政"是一个包含房主、女人、孩子和奴隶的经济单位，而城邦则是自由公民(户主)共同参与的自我统治的公共空间(参见［古希腊］亚里士多德：《政治学》第1卷。Vgl. Aristoteles, *Politik*, 1. Buch)。

在市民社会中发展成为独立的、具有公共效应的独立领域。[①] 社会从而成为非政治的共同生活领域，市民在这个领域当中将自身视为独立的权利和经济个体。阿伦特所说的"私人利益"在何种程度上具有"公共属性"准确说来应该作此阐释：就人格在其中作为私人人格实现其（经济）利益和需求而言，市民社会是私人属性的；但由于这种需求的实现只能在一种超越家庭的关系（市场、一般性基础设施、法律制度）之中才能实现，它又是公共的。对于黑格尔来说，市民社会在很多方面也体现为一个"值得注意的中间王国"——但这种在原子化自我理解的市民主体中所形成的普遍关系体，却是有缺陷的、"分裂的阶段"；它作为目的性关系体，只是"伦理的表象世界"[②]。

如果说黑格尔将市民社会理解为由特殊利益主导的、具有缺陷的普遍物，那么阿伦特则认为由于私利的入侵，公共领域遭受了扭曲，政治空间也发生陷落。两位都预设了一个超越特殊利益和私人利益的领域——一种超越的普遍物，作为他们批判被特殊利益主导的社会的尺度。阿伦特和黑格尔所共同持有的这种批判视角，

---

① 参见曼弗雷德·利德尔的概念史的考察：《黑格尔的市民社会概念及其历史源头问题》，发表于［德］曼弗雷德·利德尔编著：《黑格尔法哲学资料集》第 2 卷，美茵河畔法兰克福，1975。Manfred Redel, "Hegels Begriff der bürgerlichen Gesellschaft und das Problem seines geschichtlichen Ursprungs", in Ders. (Hg.), *Materialien zu Hegels Rechtsphilosophie* Bd. 2, Frankfurt a. M. , 1975。

② ［德］黑格尔：《法哲学原理》（苏尔坎普出版社，理论著作集第七卷），第 181 节，美茵河畔法兰克福，1989。

均建立在对古希腊城邦民主模型的导向（Orientierung）①
之上。但是在黑格尔那里，这种模型体现为城邦的伦
理，或者说城邦公民以共同利益为最终目标，黑格尔的
理论正是要挑战这样的任务：调和现代主体性与实体性
的伦理、特殊或者个别与普遍（之间的矛盾关系）。阿伦
特与之相反，其审视城邦的目光受到了亚里士多德主
义、共和主义以及存在主义独特的混合影响：城邦模型
对她而言，与其说是实体性的伦理，不如说是一个理想
的政治性领域，只有在这个领域当中自由才能得以落实
为一种政治自由。也就是说，两位哲学家在此处的视角
又完全不同：阿伦特感兴趣的是阿提卡式的民主——公
民自由的政治决定和自我统治——而黑格尔感兴趣的首
先是作为普遍利益和特殊利益统一体的伦理。相应地，
现代社会对二者而言呈现出不同的问题。对黑格尔来说，
现代的冲突在实体性的伦理（是指对共同的价值观、生活
方式、风俗或者说对"善的生活"的共同设想的导向）和个
体自由要求（个人的"消极自由"）之间上演，他在原则性地
承认"个体发展其特殊性的权利"的同时，批判其造成的破
坏效应。阿伦特却以现代个体的"政治自由"（接下来我将

---

① 导向一词的使用是想表明，无论对阿伦特还是黑格尔来
说，都不能回溯式地与古希腊城邦画等号。不仅黑格尔在其现代
个体性的承认中排除了这一点，而且阿伦特——尽管她曾经一度
被指责为患有"古希腊怀乡症"——也没有把城邦理解为"黄金时
代"，而是将其理解为一个"政治性"特征昙花一现的历史环节，
而她试图从现代形式中——例如现代革命——寻找这种政治性。

详细阐述)的名义，批判性地站在了黑格尔的对立面。

内在批判 vs 抽象批判

正是这种视角的差异造就了批判的差异。黑格尔形成了一种对市民社会的内在批判，在这一批判中，他以市民社会内置的尺度和发展趋势来衡量市民社会。而阿伦特则相反，她能够从市民社会形成的历史进程外部而非内部，辨识出那些"拯救"时刻。从黑格尔的意义上而言，阿伦特这种批判属于一种抽象批判，因为她将与现存事物毫无关联的"他者"设为尺度[也就是说黑格尔遵循的逻辑是"长矛所造成的伤口需要长矛来医治"，而阿伦特思考的是"历史的裂缝"，也就是说，历史连续性的断裂表现为(重新)建立政治性过程中罕见的、卡里斯玛式的时刻]。

黑格尔在他对市民社会的描述中，发现了内在于其中的"超越性环节"。米歇尔·图尼森(Michael Theunissen)将这种超越性环节重构为深藏于概念内部的对普遍性的要求。① 单纯的利益关系体所具备的匮乏的、抽象

---

① 参见[德]米歇尔·图尼森：《黑格尔法哲学中被压制的主体间性》，发表于[德]迪特·亨利希、罗尔夫-皮特·霍尔斯特曼编著：《黑格尔的法哲学》，斯图加特，1982。M. Theunissen, "Die verdrängte Intersubjektivität in Hegels Philosophie des Rechts", in: Dieter Henrich, Rolf-Peter Horstmann（Hg.）, *Hegels Philosophie des Rechts*, Stuttgart, 1982。从市民社会的概念出发，去批判市民社会的现实这一"内在批判"的观念，参见[德]图尼森：《自我实现和普遍性》，柏林/纽约，1982。M. Theunissen, *Selbstverwirklichung und Allgemeinheit*, Berlin/New York, 1982。

的普遍性，在社会化进程当中逐渐丰满起来，这一社会化进程必须被理解为一种教化的过程。其使命范围不仅不能单纯被还原为纯粹的经济利益：市民社会在黑格尔那里作为一种承认关系，不仅包括经济和法律的基础设施的供给，还赋有诸如将某些规范加以普遍化的"伦理化"（Versittlichung）的潜力。黑格尔与现代的"调和"建立在他对市民社会的劳动社会特征的洞悉之上，正是在这里他发现了某种潜力，这一潜力不仅能够促进社会联系的形成，也能够加速从对自然的依赖性中解放出来。①

黑格尔论断的两个环节——能够整合现代自由要求的伦理性社会关系的形成，以及对市民经济的活力作为自然解放（Emanzipation von Natur）的承认，都未能被汉娜·阿伦特所分享。黑格尔对这个被伦理的"分裂"和贫困趋势所威胁的系统的整合能力提出质疑，他的"社

---

① 这里的思考指向黑格尔在《法哲学原理》第 187 节中提出的市民社会的"教化环节"的观点，以及以"行会"之名出现的市民联结的指向。但如果我们考虑到，黑格尔本人在此并没有穷尽市民社会的潜力，以便最终将其整合进预置的国家普遍性中的话，那么这里只能称得上是"调和了一半"。有关黑格尔的国家所具有的民主缺陷，也可参见［德］阿尔布莱希特·韦尔默：《现代自由概念》，载《决赛——未调和的现代性》，美茵河畔法兰克福，1993。Albrecht Wellmer, "Moderne Freiheitsbegriffe", in: *Endspiele – die unversöhnliche Moderne*, Frankfurt a. M., 1993。

会病理学"①的诊断正来源于这一质疑。而阿伦特恰恰相反，对她来说，市民社会的社会关系在某些方面不是太弱了，而是太强了。

市民社会的社会关系对她而言不是发展现代"消极自由"的框架，而是强迫顺从（Konformität）的强制性关系体，这种关系恰恰妨碍了个体性的发展。经济发展对她来说也并非自然解放，而是意味着在准自然的扩张过程中的陷落。按照亚里士多德的划分方式，阿伦特将现代社会当作一种"自发生成的关系体"，将其归入那种与城邦的共同生活完全相反的生活形式，这种生活形式"为了幸存"②而存在。"我们今天称之为社会的东西，是一个家庭的集体，它在经济上是一个巨大的超级家庭，其政治组织形式构成了民族。"（VA 32）当她迷惑性地将社会称作"家庭的集体"时，她当然并非是说，社会是一个由熟人构成的私密关系；将社会类比成家庭更多的是想指出，家庭的集体是一种旨在服务于追逐私人利益并以维持生命为义务的联结。"社会是共同生活的形式，在其中人们与其同类之间的依赖性是为了生命的持存，除此之外别无公共的意义，因此这里所有单纯旨在维持

---

① 参见［德］阿克塞尔·霍耐特：《社会病理学》，美茵河畔法兰克福，1995。Axel Honneth, *Pathologien des Sozialen*, Frankfurt a. M., 1995。

② 参见［古希腊］亚里士多德：《政治学》（1252 b 30）："为了幸存的缘故它才产生，它的存在却是为了完满的生活。"（引自奥洛夫·吉岗（Olof Gigon）的译本，慕尼黑，1974）

生命的活动不仅在这种公共性当中显现，而且还决定了公共空间的面貌。"（VA 47）对阿伦特来说毋庸置疑的是，公共空间的性质由于上述占用而遭到扭曲：这些不自由的、由自然强制和家庭式统治关系塑造的利益以这种方式占据了公共空间。"家政"的特征——作为服务于再生产的家长制关系——在一定程度上进入了公共空间。因此与黑格尔相反，阿伦特并没有在市民社会的结构中发现任何"超越性环节"，也正因如此她并未发展出市民社会"内在批判"的学说，而是坚持一种未被强制的政治领域——一种超越必然性的自由。①

社会作为扩张性的共同体

有两个预设决定了这种对市民社会完全负面的描述。其一，阿伦特的分析与费迪南德·滕尼斯（Ferdinand Tönnies）在其著名的研究中所做出的"共同体"和"社会"的区分正好相反。② 滕尼斯将共同体置于社会的对立面，在共同体这个"充满活力的有机体"中存在

---

① 阿伦特批判黑格尔及其"辩证的历史进程的信念……根据这一信念，自由最终应该是必然性的直接结果"（Rev 79），认为这一信念是一种决定论历史哲学，最终只会导致为了必然性而牺牲自由。另外，阿伦特理论的主要问题之一在我看来是她的出发点是概念上的强烈二元对立，而她对中介环节没有太多兴趣。

② 参见［德］费迪南德·滕尼斯：《共同体与社会》，达姆施塔特，1991（根据 1935 年第 8 版再版）。Ferdinand Tönnies, *Gemeinschaft und Gesellschaft*, Darmstadt, 1991 (Neudruck der 8. Aufl. 1935)。

着"亲密的共同生活"①，而社会则是以陌生和割裂为特征的"机械的、聚合的、人为的产品"，其社会关系的产生借助于"本质上相互割裂的"个体之间达成交换关系。在社会中"每个人仅仅为了自己并且与他人处于一种紧张状态之中"②。现代社会的发展因此可以理解为从共同体约束向社会关系的过渡，或者是从传统约束走向愈发原子化和自由化的个体所构成的事务性关系体。阿伦特的视角与此完全不同。如果社会对她来说是一个扩张的共同体、"一个巨大的超级家庭"（VA 32），那么共同体与社会之间便不存在重大区别，而是亚里士多德意义上的家庭共同体（Hausgemeinschaft）和政治共同体（Politische Gemeinschaft）之间的区别。关键是对她来说，社会中的个体出于追逐私人利益的需要联合在一起。因此现代社会的成员并非首先是个体化了的、能够进行自我决定的解放了的主体，而是受到强制性、必然性以及顺从性限制的、整齐划一的行为体。在此过程中阿伦特忽视了社会约束的特征发生了改变，即事务性（也是一种法律的）关系取代了人的关系。她没有从一种传统结构的解体以及直接（封建）统治关系被取代的背景下来考察市民社会的形成，因此她没有对市民社会的自由品质给予赞赏。直接统治和传统约束的消解对个体而言，至少

---

① ［德］费迪南德·滕尼斯：《共同体与社会》，第3、4页，达姆施塔特，1991。

② 同上书，第34页。

在我们称为"消极自由"的范围内，以及就黑格尔试图将现代个体发展其特殊性的权利融入他的批判当中而言，被置入了实现个人自由和自身生活规划的可能性。但是反过来阿伦特对市民社会的批判因此也并非像滕尼斯那样出于笼罩着怀古情绪的共同体理想。现代社会发展的代价，社会约束力、共同价值以及意义的丧失——这些现象直至今天仍然以"个体化"和"共同体的丧失"为关键词出现在讨论当中——不是阿伦特的痛惜之处。原始的约束力或者传统的伦理的重建，恰恰不是她的本意，她要重建的是一种政治自由，这种政治自由被其置于受必然性所决定的社会组织条件的对立面。

"自然的非自然增长"

自由与必然性的这种对立还有着第二个方面的基础，阿伦特与黑格尔的区别同样也体现在这个方面。阿伦特与黑格尔不同，没有洞见社会劳动的解放性特征。她既没有看到劳动的成果超越了单纯的生命必然性的保存，也就是说超越了简单的再生产，也没有看到劳动是社会承认关系的中介（正如接下来看到的那样，这些方面后来作为生产的"世界构成"环节或者行动的交往面向而有别于劳动现象）。通过为"自然的"需求覆盖上社会性，黑格尔所确认的人在其中愈发朝向自我塑造（Selbstgemachtem）的"教化过程"，在阿伦特看来只是社会受到了自我保存或简单或复杂的宰制。现代劳动社会也依然处于对自然的依赖之中。阿伦特显然也没有觉察到现代经济扩张性特征以及需求和满足这些需求的手段的多样化——这种多样化被黑格尔在"需求的体系"中称为解放、称为"需求的自然必然性"的"隐蔽"①，但是这种扩张性特征，在她看来表明市民经济具有一种准自然的强制特征，一种（癌变似的）"自然的非自然增长"（VA 47）。她认为这些强制来自简单的再生产，同时由于受制于一种动态的、最终无法控制的过程而只会越来越强。正如玛格丽特·卡诺万（Margaret Canovan）所说："阿伦特将现代经济力量和繁荣归功于生命过程的解放，在这一过程中——例如核技术与极权主义的例子——权力通过将人类遗弃在不可控制的力量面前而任由其摆布，制造出一种无能为力。"②这一发展过程对阿伦特来说是"自然的"（Naturhaft），因为它与"生命过程"的自然条件一样，

① 参见［德］黑格尔：《法哲学原理》（苏尔坎普出版社，理论著作集第七卷），第 194 节，美茵河畔法兰克福，1989。"社会需求是直接的或自然的需求和观念的精神需求的结合，后者作为普遍物在社会需求中通过将自身变为占据优势的一方，从而在这一社会环节存在着解放的面向，需求所具有的严格的自然必然性因而被隐藏起来，人也就同他自己的意见、也就是同一个普遍的意见和一个只是由他自身创造的必然性相关，而不是与外在或内在的偶然性以及与任性相关。"

② ［英］玛格丽特·卡诺万：《汉娜·阿伦特政治思想的重新阐释》，第 82 页，剑桥，1992。Margaret Canovan, *Hannah Arendt-A Reinterpretation of her Politial Thought*，Cambridge，1992，S. 82。

共享着不断更新的价值增殖过程的程序性。卡诺万将阿伦特对现代经济的这一评判，阐释为对文明的文化成果而非技术性成果的偏爱："她能够既批判现代性，也珍视文明中超越自然的野蛮性的人造世界，因为她没有从传统的意义上将现代性理解为文明。相反，正如我们看到的那样，现代性对她来说代表着一种伪自然（pseudo-nature），牺牲了真正的人类世界。"[①]因此，阿伦特对现代性的批判不针对自然和技术的对立，这一对立是建立在"自然的"和"人造的"两种截然不同的生活方式或者需求之上的，她也并非站在"返回自然"的立场上"反现代"。她感兴趣的反而是自然过程与一个稳定的、由人类耕植的世界之间的对立；不是自然、而是文化在这个意义上与技术的世界统治（Technische Weltbeherrschung）相对立（这里我们可以发现，阿伦特与海德格尔在后期有关技术的演讲中对"物""作品"和"世界"的研究构成了平行关系。我会与她的世界概念和"世界异化"相联系，重新回到这一问题上）。

阿伦特关于社会的思想中上述两个预设所引发的后果便是：对她而言，现代社会的发展不是自由的增加，而是强制的增加：共同体的强制被社会的顺从性强制所取代；自然必然性（Naturnotwendigkeit）的强制被技术的自然统治所释放的本性（durch Technologische

---

① ［英］玛格丽特·卡诺万：《汉娜·阿伦特政治思想的重新阐释》，第 110 页，剑桥，1992。

Naturbeherrschung entfesselte Natur)的强制所取代。因此她没有发现自主性在事实上的获得，也没有发现可供个体在此过程中利用的选项和塑造的可能性；但是（也因此？）她敏感地觉察到了顺从化（Konformisierung）和标准化（Normalisierung）环节以及社会关系的"无声强制"。

顺从主义：
"多数人的压迫"作为"无人的统治"

阿伦特将社会不仅看作一个经济关系，而且还看作一个社会和文化语境，她认为社会是交往形式、价值和传统的总和——也就是我们谈及"好的"或"坏的"社会时所能联想到的一切。所有这些维度，根据阿伦特的观点，都贯穿着特定的、匿名发挥作用的强制形式：顺从主义（Konformismus）的统治。正如托克维尔所警告的那样，（民主）"多数人的统治"会变成"暴政"。阿伦特对现代（大众）社会的批判建立在这样一种判断之上，即顺从主义社会所特有的暴政品质在于，统治在本质上采用了一种非政治的形式。这不仅体现在跟经济扩张动力相似的社会权力的不稳定性特征上（对此阿伦特在《极权主义的起源》一书中对霍布斯的批判已有论述），还体现在社会强制的匿名性上，阿伦特使用了"无人的统治"这个很容易让我们联想起海德格尔的表达。在这一背景之上，现代的平等对她来说更多地具有压制而非解放的特征。

"充分自愿的全体一致"

根据阿伦特的描述，现代社会的突出特征便是顺从性。只要任一社会要求"根本隶属于它的个体像一个大家庭内的成员那样行动，并且在这个大家庭中只能有一种观点和一种利益"，那么顺从主义便是"所有社会的特征"（VA 40）。统一体的压制性形式和压制性的平等，是指"全部家庭成员服从于家庭首领的专制权力下的平等"（VA 40）。现在很显然，在现代社会中无法存在字面意义上的直接的、个人的统治，而是引申意义上的匿名性力量，它扮演着准家长的角色，行使着专制权力。

社会强制从个人统治向事务性统治的发展被阿伦特描述为个人统治被"利益的推力"所取代的过程，而利益则来自社会是纯粹的"幸存"场所这一特征：个体基于他们的自然需求而平等地聚在一起。他们受到需求的驱动。人们相互"结交"，只要人们是平等的，并且拥有相同的口味和相同的需求。个体在他们彼此割裂的意义上是划一的，又相互融合构成一个单一样式的群体。这就是卡诺万口中的"像牧群一样统一"①。从这种联合体中

---

① ［英］玛格丽特·卡诺万：《汉娜·阿伦特政治思想的重新阐释》，第117页，剑桥，1992。

出走，便意味着被社会排除在外。① 社会因此体现为一种抹平一切差别的关系体，并以匿名的方式向着一致性驱使，最终"达到充分自愿的全体一致"（VA 41）。阿伦特认为这一过程有着一以贯之的表现，那就是"无人的统治"；它行使着导向顺从性的强制力，而这种强制力悄无声息地发挥着它的作用。

市民社会这个"中间王国"的私人性和公共性的混合特征也产生自这种顺从主义。它的价值来自公共领域，应用于公共领域。也就是说，个体以公共领域的标准、交往形式和意见为准绳，哪怕是最为私密的私人领域。但这种公共性是由私人组成的公共性，他们在此以陌生人的身份"因私"相遇。公共意见无非是私人（偏见）判断的聚拢。公共—政治决策和私人决策之间质的不同吸引

---

① 我们在此可以联想到阿伦特在描述极权统治的后果时所提及的人的划一性。但在后来她所撰写的颇具争议的"小石城日记"（Notes on Little Rock）一文中，阿伦特赋予了特定形式的社会均质性要求一定的合理性。她把为了维护某一社会群体内部的均质性而产生的"歧视"描述为"社会的权利"。"如果我作为犹太人，只想在犹太人的社会中庆祝节日的话，那么我无法设想，应该有怎样充分的理由来阻止我这么做。"（参见《现时代——政治杂文集》，第 105 页起，慕尼黑，1989。Zur Zeit, München, 1989, S. 105f)阿伦特将其视为大众社会一个合理的而且在功能上有意义的结构化。但歧视所具有的"社会的权利"必须严格区别于政治歧视。抛开歧视的社会权利这个问题不谈（也抛开社会歧视和政治歧视之间界限问题不谈），那么阿伦特做出的这一评判 ——社会约束具有均质性并且这种均质性在扩张至政治领域后会造成灾难性后果——在此没有变化。

着阿伦特，对阿伦特来说，公共空间不是一个自由的行动和决策的空间；空间中价值的施行，是以社会强制的形式在社会成员的"身后"进行的，它们不是公共辩论的对象，不具有阿伦特为公共性所赋予的意义。这是一个"伪公共领域"："社会……是一个伪公共领域，一个以一致性和自我中心性的组合为特征的、本真公共生活的扭曲样式。"①之所以是"伪公共领域"，是因为在其中所有个人不是各具视角的、彼此有别的，而是尽管相互竞争，但却被要求保持一致的利益所引导着达成了"平等"（所有人都要同样多的东西，但每个人都想比别人更多！）。

这种对现代社会的评判不仅承接着对"群众"持贬低态度的质疑传统，也建立在对于需求的质疑理论之上（只要社会以"自然的"、未经阐释的需求形式出现；我待会儿会回到这个问题上）。如果我们搞懂一组对阿伦特而言重要的区分的话，那么她的用意便更好理解：她区分了现代的平等（Egalität）与古典城邦公民的平等（Gleichheit），她将城邦公民的平等理解为一种"势均力敌"（Ebenbürtigkeit）。这种势均力敌并非是指整齐划一，而是能够相互区别并且以一种"超出平均水平的"方式来凸显自身的前提。因而它站在了要求顺从的现代平等的反面："这种建立在社会内部顺从主义之上的现代平等，只有当行为取代了行动，在人类处境中的阶序中占有一席之地时，才是可能的。无论

---

① ［英］玛格丽特·卡诺万：《汉娜·阿伦特政治思想的重新阐释》，第117页，剑桥，1992。

以何种方式，它都有别于我们在古代并且尤其从古希腊城邦那里所辨别出的平等。成为往往为数不多的'平等者'的一分子，在古代意味着你可以在与你势均力敌的人之间，过你的生活……但城邦这种公共空间，则是最激烈的、最不留情面的竞争场所，在这里，每个人都不得不长时间地脱颖而出，通过出色的举止、言语和成就来证明你是'最好'的。"（VA 42）因此"势均力敌"是指地位的根本平等，它开启了展示区别的空间。在第四章中我将探讨这里所说的人的概念，阿伦特将这个概念批判性地置于现代主体的对立面——此处首先只是想点出，阿伦特对社会顺从性的诊断本身并不意味着她拥有反平等的冲动。对"超出平均水平"的排除也意味着对秩序以外的、反常的、偏离传统的、非顺从的排除，就此而言，阿伦特的动机是一种权力批判——或许值得跟福柯比较一番——一种对常态和标准化的统治的批判。社会的平等因此对她来说具有压制的特征，必须与政治平等区分开来。

阿伦特对顺从主义的描述使我们联想起托克维尔1835 年在《论美国的民主》当中所提出的"多数的暴政"："在民主国体中，引导社会的权力是不够稳定的，因为掌权者和目标变换不定。但它一旦到来，便几乎不可阻挡。"托克维尔也指出了多数的统治作为一种最不受限制的统治形式，构成了对少数人自由的消灭威胁。"没有任何统治者如此地不受限制，以至于他可以将社会的所有力量集于一身，并清除反对者，同样，多数也赋予了他颁布法律和运用法律的权力。"他所说的民主统治的"不可阻挡"是一种力量，这种力量不仅从外部对个体加以统治。多数的力量是"所有力量中最强大的那个"："国王另外只拥有一种物质的力量，能够影响行动，但无法掌握意志；但是多数不仅拥有物质的也拥有伦理的力量，不仅作用于行动，还作用于意志，在限制活动的同时，也限制行动的意愿。"抵抗不从的人不再会被直接的暴力所驯服，而是被排斥的危险所驯服："统治者不再说：要么你与我思想一致，要么你与死者一致；而是说：你拥有与我思想不一致的自由；你拥有你的生命、财产和一切；但从那一刻开始，你与我们便形同陌路了。"[①]

价值相对主义和社会权力的扩张特征

现代的顺从主义在多方面不同于传统约束、传统规范性力量的限制。首先是以"充分自愿"的形式对社会专制的臣服，顺从性渗透并作用于个体的内部（托克维尔所说的所有力量中最强大的那个，限制着活动，也限制着行动的意愿）。其次是不再受到绝对价值的束缚，而是卷入到由于社会评价在各个生活领域中扩张所导致的"价值相对化"的过程之中：只要这些价值是属于社会的，那么它们便不具有（内生的）特质，而是类似

---

① ［法］阿历克西·德·托克维尔：《论美国的民主》，第300页，慕尼黑，1976。Alexis de Tocqueville, *Über die Demokratie in Amerika*，München，1976，S. 300。

于交换过程，只拥有变动不居的相对价值。这就是说，不再存在稳定的价值、信念或者传统："物品的、德性的社会化，最后是人的社会化，社会化通过将所有事物赋予价值来证明自身，在普遍的交换中社会决定了各自的价值，这种社会化自动导向了激进的相对主义，再也无法发现绝对的事物，因为那个无法胜任绝对性的社会在提供标准。"（TotH 241）但这种相对主义在此并未开启一个自由领域，或者说一个可选择的范围，而是强迫适应各自有效的社会判断。社会力量在匿名性以外，还拥有这种相对性特征，这正是阿伦特所辨识出的"非政治"。

对此，阿伦特在"帝国主义"一章当中做出了细致的阐释，在该章中，她批判霍布斯的政治理论是"资产阶级的政治世界观"（TotH 234 页起）。她认为，霍布斯的"比较性"权力概念从根本上来说，是市民社会的权利概念的表现。霍布斯所描述的权力的动力，以及因此"一切人反对一切人"的出发点，是建立在他将权力定义为"获取未来可能的好处的手段"①这一事实之上的。这就是说，权力始终处于与他人的权力的比较之中，只有当它最为强大的时候，它才有效。因此权力完全无非是相

---

① ［英］托马斯·霍布斯：《利维坦，或教会国家和市民国家的实质、形式和权力》，第 66 页，美茵河畔法兰克福，1984。Thomas Hobbes，*Leviathan oder Stoff，Form und Gewalt eines kirchlichen und bürgerlichen Staats*，Frankfurt/M，1984，S. 66。

对于另一个人的权力的优势。① 阿伦特的观点在此则是，基于这样相对权力的国家必然是不稳定的。"因为权力本质上只是手段而非目的，所以基于权力建立的共同体终究会在寂静的稳定中崩塌。"(TotH 239)所以市民社会的国家追逐权力的不断扩张，从而形成一个无限复归的过程，目的在其中总是被转化成为手段。② 正如接下来所揭示的那样，当政治的特征体现为人们生活和行动的共同世界的限制和稳定时，这种不稳定的社会过程便被阿伦特视为非政治的。③ 对阿伦特而言，由于人的行动和人

---

① ［英］托马斯·霍布斯：《利维坦，或教会国家和市民国家的实质、形式和权力》，第95页，美茵河畔法兰克福，1984。

② 阿伦特在这里显然受到了罗萨·卢森堡的帝国主义理论的影响，该理论分析了资本主义经济的帝国主义扩张性强制。

③ 阿伦特这里想到的不仅是帝国主义时代的扩张，更是一般意义上的市民追求盈利生活的动力，马克斯·韦伯曾这样描述这种动力："这种伦理的至善主要是：在最严格地避免一切不受禁锢的享受的同时，获得金钱并且越多越好，从而与所有幸福论或者甚至是享乐主义的视角完全剥离，纯粹地设想为自我目的，以至自我目的呈现为超越的和非理性的事物，总之完全站在了个体的'幸福'或者利益的反面。人以追求盈利为生活的目的，不再是以通过把人作为手段以满足他的物质生活需求为目的。这种所谓的'自然事态'的反转，相对于不受禁锢的感受而言是全然不设定任何意义的，现如今它很明显并且必定是资本主义的主导动机，正如它对从未沾染这种风气的人来说是陌生的一样。"（［德］马克斯·韦伯：《新教伦理与资本主义精神》，第44页，慕尼黑/汉堡，1965。Max Weber, *Die protestantische Ethik*, München/Hamburg, 1965, S. 44）正如后来所呈现的那样，阿伦特始终抓住这一动力的"过程性"，以及缺乏稳定性和最终目的的方面，完全批判地站在了韦伯的对立面。

的目标设定被否定，社会的准自然的过程特征，便体现在这种与经济的扩张性强制类似的动力中。社会权力在一定程度上就是由关系所驱动的。霍布斯的"利维坦"因此对阿伦特来说就是市民社会的总体——一个"极权社会"，而不是"极权国家"的样子。由需求的扩张性特征①所产生的威胁和竞争状态，被霍布斯理解为"一切人反对一切人的战争"，而战争只能通过（对内对外都必须有效）将所有人定于一尊的保护措施才能平息，也就是说通过利维坦。国家之所以对阿伦特来说是"非政治的"，是因为它纯粹是社会"多数权力"的表现，它是建立在"私人利益和共同福祉的同一性表象"（TotH 251）之上的市民社会的"强制和理智国家"（黑格尔），其存在理由是从内部聚集起来的个体的自我保存推导而出的，但它的权力则是"不可阻挡的"。这种权力与阿伦特的"政治权力"针锋相对。"新兴阶级的权力概念（她是指帝国主义时代的资产阶级）从社会而非政治经验中获得，它形成于相互孤立的个体在共同生活的同时，又处于一切人与一切人的无政府主义竞争中，而不是政治行动领域。"（TotH 246）

――――――――――

　　① 这里预设的是霍布斯对人的需求天性所假想的前提：不可限制和分化，也就是说，人的需求不存在"自然"的界限。但在这一前提条件下，自我保存的追求很难得到满足：需求在量和质上的扩张以及当下的预防措施向未来的延展（人也会由于"未来的饥饿而感到饥饿"）也必然会导致自身权力范围的扩大。

在对最终诉诸暴力①的这种权力概念加以批判的背后，是阿伦特的政治概念（见下文）和她的犹如"乐团合奏"一样的"交往性"②（Kommunikativ）权力观。"权力相应于人的能力，不是体现在去行动或者去做某事上，而是体现在与他人联结并协调行动。"（VA 43）这种权力并不存在于霍布斯式的权力的累积——累积的目标在于实现"定于一尊的真正的统一体"③，而是形成于"同做一件事的人与人之间的间域（Zwischenraum）"（TotH 726）中。"之间"（Zwischen）所强调（阿伦特多次使用的一个主题）的是某种特殊品质的行动，它不同于"像一个人"（TotH 714）那样（极权的）行动。这种交往性的权力和政治行动——正如这里所展示的那样——是阿伦特社会批判的出发点。她批判的不是社会作为一般性的社会关系体——意思是自给自足的整体或者自给自足的个体作为一种理想，而是社会作为本质上非政治的并且在她看来不自由的社会关系。

---

① 关于这一点请参考［美］阿伦特：《权力和暴力》，慕尼黑，1970。Hannah Arendts, *Macht und Gewalt*, München, 1970。

② 关于这一点请参考［德］于尔根·哈贝马斯：《阿伦特的权力概念》，发表于［德］阿德尔博特·莱夫编著：《汉娜·阿伦特著作资料集》，维也纳，1979。Jürgen Habermas, "Hannah Arendts Begriff der Macht", in: A. Reif (Hg.), *Hannah Arendt-Materialien zu ihrem Werk*, Wien, 1979。

③ ［英］托马斯·霍布斯：《利维坦，或教会国家和市民国家的实质、形式和权力》，第134页，美茵河畔法兰克福，1984。

在阿伦特从政治共同体视角出发的社会批判中，有两种因素影响着她的政治和哲学思想：极权主义的体验和海德格尔的存在论哲学。或许正是这种情况造就了阿伦特极权主义理论的独特之处：它不仅是对极权主义的批判（反极权的理论），也同时是对自由主义和现代自由社会的批判。

阿伦特和海德格尔：
"常人的专制"和"无人的统治"

阿伦特的社会批判与海德格尔对社会作为公共领域的阐述，有着惊人的平行关系。在海德格尔那里，公共领域的主体是匿名化的"常人"（Man）。阿伦特在《黑暗时代的人们》这本人物群像文集的前言中，便已经表达出与海德格尔在（文化批判意义上）矮化日常和现代公共领域上的一致性："在人的生存中——正如他所描述的那样——一切现实的和本真的，都被'闲言'（Gerede）所具有的压制性权力所侵蚀。闲言不可避免地产生于公共领域，决定着日常生存的各个方面；它预知并且湮灭了所有这些方面的意义或者无意义，从而带来了将来。"（MifZ 15）倘若我们联想起阿伦特对政治公共领域做出的积极规定，那么此处她这种对公共领域的矮化让我们感到吃惊。在关于莱辛的文章中，她也首先肯定性地引用了海德格尔对"常人"的分析，在她看来，这些分析是"共同世界"的本真的公共领域身处陷落境遇的见证。有趣的是，接着她故作矛盾地引用了海德格尔："对我们而言关键点在于，听上去既讽刺又荒谬的论断——'公共领域的光照暗了一切'——正中问题的核心"，这个论断本身便是向我们指出了一种有所区别的公共领域的可能性，它的"光照向人的事务"（MifZ 14）。阿伦特虽然赞同海德格尔把社会批判当作对"非本己"（Uneigentlich）的"常人"的批判，但她同时也发展出了与海德格尔全然不同的概念，那便是共同世界是一个使政治行动得以成行的"本己"（Eigentlich）的领域。由此一来，阿伦特便将政治空间的"本真的"公共领域区别于社会的非本真的公共领域。

接下来我将首先展示阿伦特和海德格尔社会批判之间的平行之处。等我在下一章中阐述完阿伦特的政治哲学对海德格尔的"世界"概念的富有成果的吸收和重构之后，那么她在何种基础上构成了对海德格尔的背离，便显而易见了。

与阿伦特将"社会"描述为"无人的统治"类似，海德格尔将公共领域、"公共的我们—世界"（öffentliche Wir-Welt）描述为"常人的专制"。在《存在与时间》第四章对"共同世界"（Mitwelt）的分析中，海德格尔的社会批判观点可以被理解为对"大众社会"的结构的分析，大众社会正是那种要求顺从的社会。这一点也是阿伦特的批判重心。①

海德格尔认为，"公共的我们—世界"（SuZ 65）是"常人的存在方式"。他将这种处境以矛盾性的手法描述成"人我皆同，但无人是我"（SuZ 128），并借助于这种表述来阐释那个以要求匿名性和顺从性为特色的"非本己"的相互指涉结构（Aufeinanderbezogensein）。日常自我的日常世界被海德格尔解释为一个我们在这里恰恰不是"我们自己"，而是"常人自身"的地方。"常人"，既不是他人也不是我自己，而是非人格化的强制，它隐藏在这样一种表现当中："人们"无所事事。由此标记出这样一种状态，在这种状态下，各种决策和评估不会明确做出，而只能自己去理解。人们做的都是"寻常"的事情，而无须反思追问。作为"常人"的我们（在阿伦特的意义上）不是行动的主体，而仅仅是反应式的行为体。所以"常人领域"首先指的是日常和寻常的领域，以及无须质疑便共享的背景确定性（Hintergrundgewißheiten）。但这同时是一个私人和公共相混合的日常，对此阿伦特这

① 海德格尔本人反对任何"文化批判"的意涵，这一观点难以让人信服。理查德·德雷福斯试图将"常人"从价值中立的角度，阐释为所有人共享的理所当然的预先理解所必要的参考框架，并将其与受到克尔凯郭尔启发的贬义区分开来，这一尝试在我看来也不符合海德格尔分析的批判性意涵。参见［美］理查德·德雷福斯：《在世存在——对海德格尔〈存在与时间〉的评论》，剑桥，1991。Richard Dreyfus, *Being In-The-World. A Commentary on Heidegger's Being and Time*, Cambridge, 1991。

样描述道："常人"是公共—社会的评价领域。"日常性
的存在方式"因此在海德格尔那里是一个充斥着需求和
品味的顺从性的处境："我们享受并且满足于大家所享
受的，我们阅读、观看和评价文学，像大家所看、所评
价的那样……"（SuZ 126/127）。这个"常人"相应于阿伦
特描述中的社会顺从性：个体在此时毫无区别地一模一
样。海德格尔将公共领域刻画为"保持距离、均一化和
取平"（Abständigkeit，Durchschnittlichkeit und Eineb-
nung）（SuZ 128），这一刻画也让我们想起阿伦特针对社
会的批判：顺从性、对行动可能性的抹平以及日常性。
"保持距离"——海德格尔将其解释为"因操心差距而躁
动不安"；或者说，在与他人的竞争中不想落后或者想
要超过他们——被阿伦特用来描述市民社会的竞争特
征。当她认为统计数字所追求的"人类事物的可预估性"
（VA 42）是现代社会组织的标志时，"均一化"可以被理
解为她所说的那种对"自行为"（Sich-Verhalten）①方式的
还原。"取平"相应于社会的顺从性和对非日常性、反常
性以及非标准性或者偏离传统的排除。此在在这种结构

---

① 阿伦特在《人的境况》当中区分了市民社会以顺从性为特
征的"自行为"（Sich-Verhalten）和开启政治自由的"行动"（Han-
deln）。从德语词法上来说，Sich-Verhalten 是动词 Verhalten 的反
身形式的名词化。从含义上来讲，Verhalten 原则上与 Handeln
都可以表示"行为"或者"行动"的意思。为了做出区分，此处 Sich-
Verhalten 因此译为"自行为"，Handeln 则遵从通常的译法译为
"行动"。——译者注

中对"他人的服从"(SuZ 126)，又使我们想起阿伦特所描述的价值的相对性，而这些价值只有依靠社会的承认才能得以实现。

倘若我们不愿把这种诊断简单阐释为反对市民社会(或者说公共领域)"抹平趋势"的精英—保守主义的冲动，或者阐释为对抗无聊和无动于衷(Ereignislosigkeit①)鼓舞青年的冲动，那么对常人的如此刻画其批判维度何在呢？

这是一种统治批判。阿伦特和海德格尔一样，都将社会视为一种现代统治形式，或者用海德格尔的话来说，视为"常人的专制"(SuZ 126)。只要是主宰了个体的生活行进(Lebensvollzug)(也就是使个体放弃追问"如何生活"的问题并且将价值和导向加诸其上)，那么就是一种专制，就是一种统治关系。但这种专制统治的实施，恰是通过个体以一种固有的方式参与其中而完成的。统治主体的匿名和游离特征导致了他人统治和自我统治之间的"转换"(Changieren)："不是这个也不是那

---

① Ereignis 是海德格尔后期哲学的一个重要的概念。其日常含义是具有重要性的事件。从构词上来看，它与 Eigentlich(本己的)拥有相同的词根"eigen"，表达了此在的一种去蔽并回归本真的倾向。前缀"er-"有生成转变之意，邓晓芒先生将 Ereignis 译为"成己"，本人认为这是一个相对更为合适的译法。而 Ereignislosigkeit 作为 Ereignis 的反义，我将其翻译成"无动于衷"。参见邓晓芒：《论作为"成己"的 Ereignis》，载《世界哲学》，2008 年第 3 期。——译者注

个，不是人本身，也不是其中的某些，更不是所有人的总和。这个'谁'是一个中性的事物，是常人。"(SuZ 126)"常人"既是"人本身"，同时也是他人。统治以一种无主体的结构出现。由于决策过程（以及行动可能性）受到了遮蔽，由于统治受制于匿名的"渎责"（Verantwortungslosigkeit）——统治所造就的结果无法怪罪到任何人头上——因此它是"无人"的统治（SuZ 128）。海德格尔说道："在此在的日常生活中，大部分事情都源于我们只得说'查无此人'的人。"(SuZ 127)这个描述带有异化批判的立场：我们自己所创造的事物，反过来作为陌生事物作用于我们，"我们本身"变成了"无人"，而无法对由其所参与创造的事物负责，因而"查无此人"。但同时这种统治关系——我们可以称为"物化的"（Verdinglicht）——如此理所当然，就好像不得不如此。

日常生活的问题因此不是单调或者乏味的问题；对一个不加质疑的、不言自明的领域的存在——我们要么已经在这个领域中与之为伍要么走出这个领域开始行动——加以批判，当然毫无意义（正如在后面"个人"那一章中我将阐释的那样，海德格尔哲学的出发点正基于此）。问题反而是这种不加质疑（Fraglosigkeit）的普遍化和总体化。一旦日常境况的构建性和人类生存进程的自由和选择特征被隐藏起来了，那么"常人"便转化为一种统治关系。海德格尔谈到了"对所有存在可能性的取平"或者说"存在的卸除"（Seinsentlastung）。向"常人"的陷落意味着——我们如此理解——自我规定的丧失，这是海德格尔笔下意义模糊并常常被误解为"非本己性"的生存方式。[①]常人日常此在的这种"非本己性"便体现为对"可能性的隐藏"："操劳的平均日常性会变成对可能性的盲目无视并仅仅安然于'现实性'当中。"（SuZ 195）也就是说，由于"此在"没有去选择，没有向着它的自由、向着"自身能在的'解抛'（Entwurf）"[②]去行动，因此是一种非本己的行为。阿伦特口中的公共领域对"本真"的"掩盖"和"遮蔽"，意味着在委身于社会进程的同时，对决策和行动可能性的遮蔽——从阿伦特的角度出发，无

---

① 在此我赞同恩斯特·图根特哈特对海德格尔的批判性重构。参见[德]恩斯特·图根特哈特：《自我意识和自我规定》，美茵河畔法兰克福，1979。（下文中缩写为：SuS）Ernst Tugendhat, *Selbstbewußtsein und Selbstbestimmung*, Frankfurt a. M., 1979。

② 中文学界对海德格尔的"Entwurf"这个概念的翻译始终没有统一。传播较广的陈嘉映先生的译本中将其翻译为"筹划"，私以为不妥。海德格尔在《存在与时间》第31节中是结合着此在的"被抛"（Geworfenheit）来解释 Entwerfen 和 Entworfen 的（Entworfen 是 Entwerfen 的被动态，Entwurf 是 Entwerfen 的名词形式），虽然从中文语义上而言，"筹划"似乎与"被抛"构成了主动和被动的对立，但却体现出极强的主动性和计划性。海德格尔在此却认为，Entwerfen 与根据设想好的计划来行动是有区别的，它不是"此在对存在的设定"，而是只要此在在那里，那么此在便一直处于 Entworfen 和 Entwerfen 的状态，没有设定的起点。换句话说，在被抛之后，此在便处于"解除被抛"的能在状态了。考虑到被抛（Geworfenheit）的词根与 Entwerfen 相同，都是 werfen（抛掷），而前缀（ent-）往往有去除、解除之意，因此，本书没有采取学界通行的译法，而是翻译为"解抛"。

疑这是一个问题（海德格尔的阐述中还提及了其他起作用的缘由，包括对现代社会根本性的蔑视态度以及"本真的"与"真实的"、"本质的"和"原初的"这些概念之间的联结，不过这里不再予以辨析）。

海德格尔将公共领域的"非本己性"——在其中自身听任自己"四散为常人"（Zerstreuung in das Man）——对立于"刻意经过把握的自身"（eigens ergriffenes Selbst）的本己性，这种本己性"清除"了公共世界的"遮蔽和掩盖"（SuZ 129）。"本己的自身"体现为"存在的可能性"，与公共领域相对。阿伦特则不同，她区分了公共领域的不同形态——这是另一主题。不是公共空间带来了遮蔽，而是公共空间遭到遮蔽，从而造成了本真性的丧失。阿伦特所说的"行动"对应于海德格尔所描述的"决断""决心"，或者对应于被他描述为"本己性"领域的"对此在的刻意把握"（sich eigens Ergreifen des Daseins）。海德格尔对本真的和非本真的（本己的和非本己的）行为方式的区分，又在阿伦特那里体现为社会领域的"自行为"与政治"行动"之间的区别。以此为基础，"非本真的"社会的公共领域对立于作为"共同行动和言谈"的"本真的"公共领域。所以阿伦特的目的在于重新赢得无可掩盖的共同行动的公共空间，这一空间属于各种不同类型的人。这种行动是与他人的共同行动，也是基于他人的行动，而不是作为"常人"的照面。从海德格尔所谴责的"公共的我们—世界"中的"闲言"中所产生的，是能够确保自由和塑造世界的政治公共领域的沟通。这一点还构成并且主要构成了阿伦特与海德格尔之间的在批判结论上的区别，海德格尔将他的哲学"抛向"政治实践，正是政治实践将"本己的自身"扩展为"本己的民族"①。据此，"本真性"可以成为阿伦特社会批判的关键标准，同时阿伦特也没有陷入海德格尔的"政治存在主义"。

---

① 参见[美]理查德·沃林：《存在政治——马丁·海德格尔的政治思想》，维也纳，1991。Richard Wolin，*Seinspolitik. Das politische Denken Martin Heideggers*，Wien，1991。

第二章　政　治

"创造开端"：阿伦特的政治概念

政治人类学?

尝试(重新)获得一种政治概念，以明确对抗现代"政治意义的遮蔽"(WiP)，这无疑是阿伦特哲学的主要意图之一。[①] 对社会的批判意味着，政治共同体中的生活是"出众生活"(ausgezeichnetes Leben)的表现，它对立于社会中的"纯粹生存"。政治在阿伦特那里——与社会进程的强制特征正相反——代表着对共同的世界进行决策的公共空间，这个空间中存在着自由塑造的可能性。如果说社会对她而言是要求整齐划一和必然性的领

---

① 阿伦特使用这种"遮蔽"除了用来描述理论发展的结果，也描述真实历史发展的结果。政治行动及其概念的丧失是同时发生的。

域，那么政治则是自由的领域和行动的领域，这种行动处于纯粹反应式的"自行为"的对立面，其自由有赖于脱颖而出的方式。同样在这里，阿伦特的定义受到了亚里士多德的启发："政治是不同人之间的共在与同在。"（WiP 9）在政治的"表象空间"中，"行动的和言谈的"人作为独特的个体凸显自身。

阿伦特将其政治概念奠基于一个存在主义的"多元性"和"生成性"（Natalität）人类学之上。"多元性"是指所有人相互之间存在着"原初的差别"（WiP 10），它是政治的根本前提。从"生成性"——"出生的事实"（Faktum des Geborenwerdens）中，阿伦特推导出人的行动能力的自发性：一方面是"创造开端"的能力。因此政治对她来说是人能够施展其可能性以便自由行动并将自身与他人区别开来的领域。另一方面由于"存在与表象是同一的"（LGD 29①），以上两种能力因此都需要一个呈现空间，以供二者在其中都能得以显现。所以，政治公共领域的存在才能促使多元性以及人的行动自由的实现。也正因如此，才能切入与"微小的私人幸福"对立的"公共幸福"的经验，这是阿伦特意义上关键性的"人的生存维度"②。

从"政治人类学"来理解在此并不意味着，阿伦特的出发点是人的不可摧毁的"自然属性"。相反，她要说的

---

① "在这个我们从无中来、并重新回到无的世界中，存在和表象是同一的。"（LGD 29）

② ［美］阿伦特：《权力和暴力》，第109页，慕尼黑，1970。

恰恰是，政治时刻遭受着威胁，因此她反对将人视为"政治动物"的存在主义阐释。她将政治阐发为一种在历史上很少得到实现的共同生活形式；它"绝非理所当然，也绝对不是在人类共同生活的地方都处处存在着"（WiP 38）。虽然在她看来政治揭示了人类学的基本结构，并且"符合这样一种原初事实，即人的概念也包含着其他人的概念"①。但是倘若"存在与表象"同一的话，那么行动的能力和差异性便同时存在，只要它们能够表达自身［在这个意义上，阿伦特曾经和埃里克·沃格林（Eric Voegelin）就极权统治是否会转变人的本性这个问题争辩过，她解释道："我们仅能在当人的本性存在时，我们才能历史地得知它，如果人丧失了他的本质性能力，那么有朝一日将没有什么永恒本质能够宽慰我们"］。因此，多元性和生成性所表述的不是人的基质性"本质"，而是一种（始终遭受威胁的）可能性。多元性会消失（它会屈服于顺从性），自由也会被消灭。阿伦特的考察在此拥有一种批判的意义：通过对传统政治理解的解构，来重新发现政治，或者说重新赢得"政治的意义"，以对

---

① 因此将政治描述成以略显庄重激昂的方式"实现人的多元性的场所，以及人（与他人）是其始终（与他人）所是的场所"，也并非是错的（参见［德］马丁·布劳恩：《汉娜·阿伦特的超越性活动概念》，第 225 页，美茵河畔法兰克福，1994. M. Braun, *Hannah Arendts transzendentaler Tätigkeitsbegriff*, Frankfurt a. M., 1994, S. 225。但是如果阿伦特的出发点来自对多元性会消失的观察，那么我们便可以将其理解为一种"批判视角的人类学"。

抗"遮蔽"这种意义上的现代危险。①

<hr />

① 有关阿伦特这种论证手法的"原初哲学的"(Ursprüngsphiloso-phisch)特质，已有众多讨论。但看上去似乎她把自己对政治的相应理解放置在了世界史的英雄时代(和被美化了的希腊世界)中，而现代则表现为一种堕落的过程，在此过程中，政治的"原初意义"遭到遮蔽。相反的证据不仅来自她对现代革命的诸多政治行动时刻的探究，也来自她对当代现象例如六八运动的考察。根本而言，阿伦特对历史的理解，在两个方面不同于对历史进程的目的论历史哲学的阐释：不管是悲观的堕落历史还是乐观的进步历史。塞拉·本哈比(Seyla Benhabib)对这个问题提出了另一种理解：她在阿伦特著作中所采用的不同的方法论之间发现了一种张力：一方面是受到海德格尔影响的起源哲学的特征，另一方面则是可以让我们联想起本雅明的"珍珠采集"的特征。参见[美]塞拉·本哈比：《汉娜·阿伦特与叙述的拯救力量》，载[德]丹·迪纳编著：《奥斯维辛后的思考》，美茵河畔法兰克福，1988。Sey-la Benhabib, *Hannah Arendt und die erlösende Kraft des Erzählens*, in：Dan Diner (Hg.)：Denken nach Auschwitz, Frankfurt a. M., 1988。在我们澄清对古希腊模式的"美化的回溯"(奥特弗雷德·赫费(Otfried Höffe))之前，我们必须发问，这个模式对阿伦特而言究竟处于何种地位。如果说这是——在本雅明的"珍珠采集"的意义上——对被遮蔽的、尚未兑现的成分的提醒，并且我们可以按照本哈比所说的那样，将阿伦特的方法描述成"对历史的叙述"，那么对城邦的回溯便并非体现为一种带有思古情怀的转向，而是体现为一种"从思想上对业已贮藏在语言层次的人类历史的贯穿尝试"，或者体现为"创造性的重新内化意义上的再现"(Vergegenwärtigung im Sinne eines schöpferischen Akts des Wieder-Innewerdens)。参见[美]塞拉·本哈比：《公共空间的模式——汉娜·阿伦特、自由传统与于尔根·哈贝马斯》，载《社会世界》，1991年第42期。Benhabib, Modelle des öffentlichen Raums：Hannah Arendt, die liberale Tradition, Jürgen Habermas, in：*Soziale Welt* 42, 1991。也可以参见[美]塞拉·本哈比：《汉娜·阿伦特勉为其难的现代主义》，伦敦赛吉出版社，1997。Benhabib, *The Reluctant Modernism of Hannah Arendt*, Sage Publications，London，1997。

政治的再发现

阿伦特提出了一个在任何方面都与众不同的政治概念，尽管被概念的某些用法所掩盖，但是其本质特征仍然有别于我们试图从社会的政治组织形式和整合方式出发所把握的政治概念。她的政治概念的关键特征一方面体现在——这是亚里士多德式的——将政治建立在沟通实践和自我统治的基础之上，并把真正的政治领域与统治（或暴力）和策略行动的领域区分开来。① 另一方面则是阿伦特指向了政治的创造性环节，这也是众多评论者存疑之处，即这里是否是我们通常所说的作为一般性功能领域的"政治"。对她来说，在政治行动中，首先得以实现的是"创造开端"的能力，在这一点上她似乎始终受到了革命性开端事件所具有的重大的、非惯常状态的启发。将"好的"生活对立于"纯粹的"生存，可以被转译为"非日常的"生活对立于"日常的"生存。用海德格尔的话来说，政治变成了"本真性"领域。我们必须理解阿伦特政治概念（对非日常性）的这种指向所具有的系统性意义，才能把握她的"重新赢得政治性"的事业。那么她想要重新发现的"政治的意义"是什么呢？这种表现为市民社会的现代"遮蔽"究竟何在？

我想先尝试从对"政治性"的不同理解出发来澄清这

---

① 哈贝马斯在他的《阿伦特的权力概念》中对于这一方面及其相关方面做了清晰的梳理。

个问题。当我们说把某个问题或者某个对象说成是一个"政治问题"时，有以下数种方式：

a)某个问题是"政治的"，可能意味着：它具有公共相关性，涉及普遍的关切（在这个意义上我们把"政治的"理解为一个以特定方式涉及我自己和我的私人领域的问题）。

b)当某物"政治地达成"时，也就意味着：它的决策必须着眼于已经存在的利益局势或者多数比例关系。"这曾是一个政治决策"，就是说：这曾是一个着眼于上述局势的决策（而不仅着眼于"真理"或者适当性）。政治在这个意义上是阻止——潜在的——冲突。

c)但当我们谈到某个问题是一个"政治问题"时，也意味着：这是一个权力问题。针对某事完成了"政治的"决策，是（通常轻蔑地）在该决策反映出了现存的权力关系的意义上来说的。

d)据此，在以上两种情况下，"政治地"付诸行动意味着策略性的行为。政治因此是策略性行动的领域，这种行动的目标在于在一个有争议的范围内贯彻自己的利益。

阿伦特的政治理解正好与此相反。虽然对她而言"政治"同样意味着非私人的事务，也就是具有公共相关性的事务，但她尝试着将其与权力利益和统治机制清晰地区分开来。"作为政治的，或者说在一个城邦内生活，这曾经是指，所有事务通过具有说服力的言辞得到调

节，而不是通过强制或者暴力。"(VA 30)

政治地行动，在此意义上不是那种借助权力或者策略性手段来实施的行为，而是能够说服他人的行为。这一点也将 b)所提到的——自由主义的——以调节利益冲突和平衡诉求为目的的政治理解排除掉。那种从"私人利益的叠加"中推导出公共福祉的尝试，对阿伦特来说，所描述的正是自由主义的社会模式的政治特征。政治作为一个"共同言说和行动"的领域，着眼于共同福祉，因此代表着——在共和主义的意义上——自利主义的利益立场的失效。

如此看来，总的来说阿伦特的论述所指向的政治，并不是一种阻止围绕着(社会的和物质的)资源产生潜在冲突的工具。那种霍布斯意义上的把为个体提供保护和安全、保障市民生活的基本设施作为首要任务的政治，对她而言不是真正的政治。也就是说政治不是社会的"仆从"——仆从的观点代表着遮蔽——而是无法扬弃的独立领域。阿伦特的格言——"政治的意义是自由"(WiP 28)——恰恰并非是说，政治以维护自由为宗旨。政治作为自由是指，它使得自由得以显现。从这个意义上讲，无论马克思主义"国家消失"的乌托邦设想，还是自由—多元主义把政治用于调节社会利益的观念，都属于"从世界中清除政治"(WiP 71)的现代趋势(这背后也有一种——非政治的——社会自我调节的理想)。阿伦特指出，以上两种立场最终都充斥着零冲突(Konfliktlosigkeit)和技术官僚—非政治化的"事务管理"的社会理想，也就是说它们都从政治的"暂时性"特征出发，把政治的存在当作缺陷的表现。当阿伦特针锋相对地谈及重新赢得"纯粹政治概念"①（雅斯贝尔斯）的必要性时，她把政治规定为持续存在并且坚固的领域。一方面她预设了无法被还原的政治冲突的原则性存在，另一方面她认为，这种政治冲突不是由利益争辩所带来的。政治不是手段，而是自身之内的目的（Zweck in sich selbst）。政治的无法扬弃不是建立在——就像霍布斯的学说所说的那样——这样一种观点之上，即人与人存在无法扬弃的利益竞争，从而导致冲突并持续产生对于"阻止"冲突的机构的需求。不是利益竞争而是个体的独特性造就了政治的不可还原性。如果说政治对阿伦特而言是一个实现"多元性"的领域的话，那么这并不是指不同利益阵营之间的对抗：政治建立在多元性之上，是由于它是个体在独特性意义上所呈现出的激进差异性的表现。这也就解释了，为什么阿伦特尽管没有趋向利益的潜在冲突模式，但也没有从社会组织的共识模式出发（任何时候不存在任何形式的"公意"）。相反，她的意思是一种冲突

---

① 参见阿伦特与雅斯贝尔斯的书信往来：西方哲学从未拥有一个纯粹的政治概念，因为它总是在谈论人。［德］洛特·科勒、汉斯·桑纳编著：《汉娜·阿伦特与卡尔·雅斯贝尔斯——书信集（1926—1969）》，第203页，慕尼黑，1985。Lotte Köhler, Hans Saner（Hg.），*Hannah Arendt-Karl Jaspers. Briefwechsel 1926-1969*，München，1985，S. 203。

模式，一种政治的对抗模式：政治作为争辩的领域，始终反映出人与人之间的不断更新的激进差异性。争辩围绕着对共同生活和"共同世界"的构建，但这个构造既不存在"终极"版本也不存在"正确"答案。

政治作为世界的塑造

在此我们进入了阿伦特政治理解的核心：激进的世界塑造维度，政治被她理解为激进自由和可塑造性以及非必然性的领域。在对"什么是政治"这个问题的回答段落当中，她这样写道："我们应该在这个领域是真正自由的，也就是说既不受我们自己驱使，也不取决于给定的材料，这个目标的实现如此艰难。自由只存在于政治所特有的间域（Zwischenbereich）。"（WiP 12）自由的这一维度可以在对政治的某种特定预先理解的回溯中得到解释。

a）某事件足以成为"政治事件"，只有当其根本而言是可决策的，也就是说，它必须在人的决策占据重要地位的领域中运动。譬如自然灾难本身便不是政治或者与政治相关的事件。只有当对其加以阻止的可能性成为政治决策问题，进一步说，只有当应该采取何种适当的救助措施成为磋商的对象时，自然灾难才构成一个政治事件。

b）必须以政治的方式就某一问题进行决策，随即意味着，对这个问题的解决别无其他（非政治的）标准。回到上面的例子：哪些救助措施根本上是合适的，这个问题不是政治性的，因为它必须由专家给出意见。政治性的问题是，在将他人利益纳入考量的情况下，思考是否应采取这一种措施还是在诸多不同的可能措施当中应该采取哪一种措施。

在阿伦特的意义上我们可以从中得出：某件给定事件的政治特征表现在，它涉及一个超出必然性的、可塑造的领域，从而存在一个行动所需的可能性空间（这种"政治的"内涵也符合我们可以称为"社会问题政治化"的逻辑。例如性别关系的"政治化"首先便意味着，脱离自然给定性的"错误表象"——而这是能够重新塑造该问题的条件——并被"揭露"为在社会层面上总是已经被塑造了的）。

我们现在便接近了这样一个问题，那就是构成政治固有特征的特定逻辑是什么。正如上文所说，当问题无法适用于"外部"标准，并且这些标准无法以"政治的"以外的方式来加以决断时，那么这些问题才是真正"政治的"问题。"在文化和政治，也就是在整个公共生活领域，既不涉及认识也不涉及真理，而是涉及判断和决策，也就是说，就共同世界进行判断性的评估和商谈，并且针对这个世界今后的面貌以及以何种方式在其中行动加以决策。"（VZ 300）认识和真理与判断和决策的对立，表明政治展现出某种"纯粹"决策的维度：有一个无法被扬弃的选择环节，这个选择环节不能被对决策的前提和结果的认知所取代（如此一来她的政治概念也是对将政治还原为技术问题的批判）。也就是说，在这个领域可以以这样或者那样的方式行动，却无须给出这种或者那种必然的理由。在政治行动根本而言无须依赖任何尺度的激进意义上，阿伦特继续她的思考。激进化的含义是指，政治问题在政治上是"不断下探的"（all the way down）：任何地方都不存在可供非政治标准设立界限的点，以便政治决策必须遵循（就此而言上述例子 b）中涉及的不是激进的政治决策；倒是也有外部的标准比如尽可能拯救更多的人）。从这个意义上讲，真正的政治领域是"无尺度的"：在这个领域中没有标准存在于政治进程（共同的"评估、商谈和决策"）之外的"正确"答案。判断所依赖的尺度，只有在判断过程中才会生成。政治所刻画的这样一个领域对争论是原则上开放的，这些争论的解决既不诉诸真理①也不诉诸传统。我们可以将这种政治概念称为政治的"后形而上学"概念，它无须依赖于观念、价值的"背后世界"（Hinterwelt）或者"历史意义"

---

① 阿伦特这里所反对的立场是在更高层次的真理层面对政治加以扬弃的"形而上学"尝试——从柏拉图到黑格尔再到马克思。哲学王们与技术专家一样。当决策既无须联系形而上学的真理也无须依靠对技术性的事实强制性（Sachzwänge）的指涉便能做出时，决策才是"政治的"。但当阿伦特从理性论证推论出政治问题的充分解决时，似乎她的出发点是一个"过时的"真理概念。阿尔布莱希特·韦尔默针对这一点对阿伦特提出了令人信服的批评。参见［德］阿尔布莱希特·韦尔默：《汉娜·阿伦特论判断——未完成的理性观》，载《决赛——未调和的现代性》，美茵河畔法兰克福，1993。Albrecht Wellmer, "Hannah Arendt on Judgement. The Unwritten Doctrine of Reason", in: *Endspiele die unversöhnliche Moderne*, Frankfurt a. M., 1993。

便可自圆其说。①

"创造开端"

政治的无尺度性符合阿伦特将（政治）行动与"能够开创"新的起点的能力结合在一起的尝试。"有别于纯粹反应式的自行为，每一次行动的功能在于中断向来自动地运作因而可以加以预测的进程。"（MG 35）"政治的意义在于自由"，自由意味着康德意义上的"自发性"（WiP 49）。政治行动因此在阿伦特那里本质上是创造性的行动——关于新生事物的领域的政治——并且新生事物永远没有尺度可依。所以可以参照宗教术语"奇迹"，来表示那种无法预想的、无法预期的事物："如果政治的意义是自由的话，也就是说，在除此之外的任何空间中，我们都没有权利去期待奇迹。"（WiP 35）但"奇迹"的领域不属于日常。政治的范式状态对阿伦特而言是无关利益的"自由"空间，在这个空间中的"新事物"才是决定性的。但这也意味着，"创造开端"的行动自由，建立在无须创造开端的自由之上。②

---

① 对此可以参见她在《论革命》当中有关共和主义的创立是"不带绝对者的创立"的观点。

② 也即是说，她其实可以不把那些存在决策需求的状态算作政治领域，因为决策需求意味着强制。即使在这里她的政治概念也是有别于卡尔·施密特的：虽然都趋向于紧急状态，但完全是两种不同的版本。对施密特来说重要的是决断**必须**被做出的时刻；而对阿伦特而言，则是**能够**做出决断的时刻。

阿伦特的政治界定的问题所在正是与创造性的联结，在于将政治关系视为"新生的"、非日常的。那么这种描述切中了什么？这种与惯常的政治理解相反的批判意图何在？将政治行动设想为创新和"创造性行动"意味着什么？从这个意义上讲，做出"政治的"判断和决策发生在哪些领域？

我们可以借助于一个例子，来阐明这种把政治当作一个自由塑造的空间的设想以及创造性建议所扮演的角色。[①] 例如，在一个合租房中假设存在两种类型的争论：第一种是围绕清扫的，我们在争论中所使用的论点，援引了某些被所有人承认的规则。譬如我们可以援引清洁计划所规定的顺序，以及每个成员在共同的家务劳作中所理应承担的比例（无论我们如何定义这个比例），我们也可以指出某个人没有遵守此前关于清扫做出的共同商定。这里可以预先设立富有约束力的规则，以便我们援引。整个争论将会典型地围绕着规则的应用（或者修改）来进行（有人说"根本不是我当值，我还在度假"；或者："我清洗了浴室"；但也可能说："我忙于照顾孩子，没法清扫"）。还存在第二种情况，譬如计划一次周末的共同出游，大家就正确的出游目的地发生了争论。虽然我们在此也可以援引此前的商定或者尝试引入公平和平衡的标准（比如一段婚姻关系危在旦夕，此时要计划度假：

_____

① 这个例子我要感谢古斯塔夫·法尔克（Gustav Falke）在咖啡馆与我的闲谈。

"我们在英格兰待了十年,这次我要做主,我们开车去意大利"),但这种尝试的荒谬显而易见。清扫必须有人去做,否则厨房便没法使用。在周末出游这件事上则取决于找到能够取悦所有成员的方案,其他方案会让整个计划没有意义。替代性选项可能是:"那么我们干脆就在家待着吧。"因此,这种冲突的典型(一定是受青睐的)解决方法看上去必须是这样的,即当任何一方的建议不受青睐而搁浅时,必须由某人提出新的思想。他将建议一个新的、会在所有人那里自发赢得掌声的目标:"我们更想去游乐场玩云霄飞车",或者他成功使大家注意到此前给出的其中一项建议,强调该建议的一个新的方面:"勃兰登堡的这片区域不仅有沙滩,还有湖泊,我们虽然不能去骑车,但可以去赛艇。"达成一致和相互说服的尝试在这里因此拥有一种完全不同的特质:无关正确的(或者最公正的)建议,而是关于更好或者最好的想法。

在这一背景之下,关于构造世界的观念及其无尺度性,都将变得易于理解。当阿伦特坚持把政治视为一种人们相互说服的生活方式(以及坚持对这种说服不设前提)时,这不是对社会利益冲突以及事实强制和决策强制的天真的无视——她是在面向一种新的达成一致的模式,这种模式只能在可以自由塑造的空间内才能实现。换言之,阿伦特尝试不把政治设想为"零和游戏"或者据理力争各种诉求、讨价还价的场所。

虽然有反对观点指出，政治不仅由"新的观念"和新的问题构成，而且此外几乎从来不会不存在一个"无关利益的空间"，例如原则上总是稀缺的物资如何得到公正分配这个问题始终属于政治。但阿伦特的论述不是关于"政治的非政治概念"〔正如奥特弗雷德·赫费（Otfried Höffe）对阿伦特的指责〕，而是把政治理解为一个构成事实性背景的可能性空间。这也是她的论证指向英雄主义、政治紧急状态的意义。政治在这个意义上——就像"常规科学"和创新之间的关系那样——不是"常规政治"，而是建构供自身在其中运行的空间的力量。政治作为创造是指，政治行动在这个意义上"创造开端"，它意味着，只有政治行动才设置规范性自我建构所需要的条件，才创造行动的范式。我们可以（在海德格尔的意义上）这样理解政治行动：它是在批判社会日常生活"取平"了"成己"维度的背景下，点明了常态的"被塑造性"（Gemachtsein）。当阿伦特在《人的境况》中把统计学称为与社会相适应的科学——这门科学仅在测量日常时才起作用——时，她反对道："只是我们忘记了，即使这种日常性也不是从日常中获得意义，而是从首先建构这种日常和日常性的事件或者事实中；就像历史进程在那些相对罕见的、中断日常本身的事件上才会表明它的真正含义一样。"（VA 43）这是指那些在革命事件——所有习以为常的和代代相传的事物在革命事件面前似乎同时陷入争议——的狂迷时刻才能体会到的东西。这种东西哪怕在英雄主义不太突出的时刻也发挥着作用，由此可见，它并不仅仅是一种革命的浪漫主义。在任何一次同时也是有限的冲突中，我们都能遭遇"政治意志"的现象，是政治意志在犹疑之时通过实施新的尺度从而克服了事实的强制性。

自我规定还是激进的抉择？

阿伦特所引出的政治概念，可以被理解为一种存在主义的共和主义，或者说是借助海德格尔对亚里士多德实践概念的重新解读。政治既是"本真的"领域也是共同行动的领域。"政治"在此意义上代表着一个开放的可能性空间，对社会生活的（自然主义的）（自我）误解的批判便是从这个视角出发的。行动的可能和政治的存在指向一个属于自由的操作空间，它要求不仅对抗着统治所带来的直接的外在规定，也对抗着物化的、工具化的理解。如果我们尝试在阿伦特对"政治遮蔽"的批判中获得某种社会批判——从而最终是一种解放——的意义的话，那么我们必须能够把政治的遮蔽理解为对特定的某种自我规定模式的遮蔽。但恰恰在此处阿伦特流露出一定的模棱两可，这种态度似乎继承自海德格尔。也就是说，最终到头来我们还是不太清楚，在她把政治行动当作"本真的行动"的理解中，行动是否可以被视为一种（集体的）自我规定的模式，还是——就像某些地方所呈现的那样——一种（施密特主义的）规范意义上"凭空产生"的"激进的抉择"。并且，如何将本真性和共同行动连接起来？如何设想一种包含独特性的共同性呢？

　　问题因此是：政治中所涉及的是已经证成和可以证成的决策吗？"就共同世界进行判断性的评估和商谈，以及针对这个世界今后的面貌以及以何种方式在其中行动进行决策"（VZ 300），是建立在理性抉择和为他人所赞成的思想，还是建立在非理性的抉择之上？我们在此可以把抛向阿伦特的批判性问题与图根特哈特对海德格尔的批判对照起来加以描述。政治能够被理解为本真的行动——如果我们把行动整合进入"自我规定"的概念当中（就像图根特哈特在《自我意识和自我规定》中所重构的那样）——意味着，在无须"陷落"进入传统和事实强制性的前提下反思地行动，并提出"实践性的问题"（比如以"我应该做什么"或者"我们应该做什么"的方式）。政治作为共同的行动则是指：我们在一个能够容许上述问题的操作空间中，集体地对共同世界和生活方式进行决策。对实践问题的决策在此过程中是一个得到证成的决策，决策的理由是可以传达和可以被分享的："思考的目的在于达成一个客观上言之有理的抉择"（SuS 237），它的背景同样是一个规范性的视域。但这同样也意味着，证成的可能性是有其终点的。一个无法再被继续证成的决策在某个地方等着我们，终点便是"我想这样生活/我们想这样生活"。图根特哈特认为："这种可以被刻画为自我规定的抉择的标志是，我们能够以一种理性愿望的方式执行该抉择。如果我们否认抉择拥有不可还原的自愿特征或者相信能够将其还原为理性；抑或我们像海德格尔那样，否认它尽管不会消弭于真理问题之中，但也必须能够基于以真理问题为基础的论证，那么这种抉择便不能被理解为自我规定。"(SuS 243)

但倘若我们从决断主义出发，在非理性的激进抉择的意义上理解政治行动，或者我们进而将政治行动的无尺度性推到极致，以至于完全脱离了真理问题和规范性问题，那么上述情况便会发生。"不受任何事物的强迫"和不拥有任何外在的尺度，并不意味着选择是非理性的。就此而言，根据图根特哈特的阐述，一项"激进"的抉择根本不是抉择，它转向了他律。如果自我规定意味着对想要如何生活做出决策（我们生活的世界应该呈现何种面貌），那么决策必须暗含着以下思想："当某项抉择事后也无法被证成时，它不是抉择。当抉择不是一种在理由的视域中做出的、慎重的抉择时，它才是抉择，在该抉择中我应该怎样抉择全凭偶然的安排，并且在其间因此我们可以说：那个做出抉择的人不是我。"(SuS 242)阿伦特所追求的新的开端，获得了一项被动的含义。如果我们想起，阿伦特所探讨的是共同行动，那么她对政治行动的理解中的怪诞之处便更为明显。特别是，当决策应该共同做出时，那么必须对每一项选项做出有说服力的——带有能够让人信服的要求——论证。把政治理解为对共同言说者和行动者的自我管理，因此要求指向一种理性的证成：倘若决策过程应该无须诉诸暴力（也包括修辞的暴力），那么如何在论证不发挥建构作用的情况下设想这一过程呢？也就是说，即使政治拥有一个决策无法被还原的环节，它也不是在反规范性意义上的"激进抉择"。即使在政治中不存在"终极理由"，但也依然存在着证成的意义；并且即使我们可以将政治行动的众多场景设想为一种没有卡里斯玛式的统治者的卡里斯玛时刻，但在政治中并不仅仅是让人激动的比喻（这正是修辞的统治），还有主体间共享的良好理由。

阿伦特政治概念的问题因此不在于非日常性的导向或者将政治理解为本真的行动，而是在于她在坚持上述立场的同时，又低估政治领域中证成作用的倾向。她出于维护政治特质的目的而将焦点集中在政治特质的"自我目的性"（Selbstzweckhaftigkeit）上，会导致忽视自我规定的维度。特别是当政治涉及"共同世界"和共同行动，也就说涉及共同的决策过程时，她的政治概念便不那么可信了。由此她的社会批判也变得可疑起来。

"晦暗不明"：阿伦特与社会运动

"生活，而不仅仅是幸存"

阿伦特意义上的政治是对"世界"的塑造，因为它超越了单纯的日常生活的结构。脱离社会—经济—私人强制性的自由，变成了政治自由的条件。政治自由从而是从必然性中解放出来的自由：受到亚里士多德启发的"良好生活"预设着，走出了"生物学意义上生命进程的奴役"。因此只有政治领域从非政治的"纯粹"生活带来的强制的必然性中解放出来，它才是一个没有统治的领域。只有脱离必然性的自由——脱离幸存的强制性的自由——才能使得在政治中对世界的塑造作为一种特殊品质的共同生活成为我们的研究主题："生活，而不仅仅是幸存"（就像 20 世纪 80 年代的一句口号所说的那样）。

阿伦特概念中的问题恰恰存在于这种二元对立当中。在"生存"和"良好生活"之间对她来说——如此看来——有着无法逾越的鸿沟。这是她的政治概念为了从城邦模式中推导出理想形态而付出的代价。我们在这里感觉到一种对立，一边是把社会当作"低级"活动的"晦暗"领域和她反现代的、对社会的蔑视与矮化，另一边是"光明的"、崇高的、纯粹的、无涉利益的政治行动领域。但这种分离不仅带来了对现代国家职责完全不相应的评价，也使得我们无法理解尤其是 19 世纪以来市民社会内部兴起的社会运动的动力。这里的"社会问题"不仅仅是出于社会整合的功能性原因才成为政治的决定性主题。正如黑格尔所发现的那样，正是由于社会问题涉及了社会的伦理性道德的自我理解，它才成为对现代市民社会来说关键性的问题。正如本哈比所说，"社会问题"受到研究关注的内在逻辑是，在于此前"只"属于私人性的事物被公共化了："围绕着把什么东西一起设定为公共日程的斗争，本身就是围绕着正义和自由的斗争。"①在阿伦特的图景中，社会问题从"晦暗的"家务中挤进了"光明的公共领域"——她以比喻的方式，描述了一个问题是如何成为"政治问题"的。本哈比总结道："现代世界中'社会'和'政治'的区分意义没那么重大。"对进一步的论述以及最终判断阿伦特的政治概念在现代条件下是否具有建设性而言，关键问题则是：阿伦特秉持的是一种"存在主义的"②观点吗？依据这种观点，私人的诉求天然地不适合成为公共辩论的对象。或者对私人与政治或者社会与政治之间的对立的刻画，是否为了获得将某个问题——无论这个问题出现在哪个领域——转变为政治问题的标准？③ 因此社会运

①　[美]塞拉·本哈比：《公共空间的模式——汉娜·阿伦特、自由传统与于尔根·哈贝马斯》，载《社会世界》，1991年第42期。同样的观点也可见伯恩斯坦(R. Bernstein)："某个问题就其自身来说是适合作为社会问题(也因此不值得进行公共讨论)还是政治问题，常常本身便是政治的中心议题。"转引自[美]毛里齐奥·帕瑟林·登特雷维斯：《汉娜·阿伦特的政治哲学》，第61页，纽约，1994。Maurizio Passerin D'Entreves, The *Political Philosophy of Hannah Arendt*, New York, 1994, S. 61。妇女运动的口号——"私人的是政治的"——可以被解读为将私人事务政治化的要求。

②　[美]塞拉·本哈比：《公共空间的模式——汉娜·阿伦特、自由传统与于尔根·哈贝马斯》，载《社会世界》，1991年第42期。

③　本哈比在"对争议问题进行反思性主题化"的意义上，也考虑过是否可以把阿伦特的思想归于"公共空间的程序性概念"(同上)。

动——就其被把握为政治运动而言——在阿伦特的政治模式中也占有一席之地吗？

对社会问题的批判

在"论革命"当中，阿伦特提出了与历史哲学阐释相反的观点，她将"共和主义的"革命视为一个新的开端。美国革命所体现出的建国思想对她来说是政治行动的典型案例。她批判"社会问题"出现在法国革命的进程中，从而破坏了革命的政治品质。阿伦特在这里对"社会"与政治关系的论述遵循着一个超越了城邦的现代模式，展开了对社会运动的政治特征的讨论。

她对法国革命的批判首先再次承继了政治领域的自由和社会领域的必然性这组区分。她的论点是社会问题摧毁了革命，因为它导致"自由让位于必然性的奴役"（Rev 77），并且凭借着所唤起的动力阻碍了制度的形成。阿伦特因此认为，正是通过社会问题，必然性的强制才掌控了政治，从而改变了革命的概念和目标：幸福［（"人民的幸福"）"le bonheur du peuple"］，而非自由和保障自由的制度构造，成为了革命的目标。结果便是："人民处于极端的贫穷之中，这种必然性释放了恐怖并且消灭了革命。"（Rev 75）这里我们再次见到了阿伦特的二元对立：必然性占据统治的地方，便无法实现自由。她说："不管在哪里，生活的必然性只要发挥其根本上强制性的暴力特征，那么人们创造世界的自由便不复存在。"(Rev 75)对(私人的、自然的)(由贫穷和饥饿带来的)强制性的扬弃,掉入了"前政治的"领域,在阿伦特看来,她只能在政治领域发挥破坏作用。"社会问题"看上去本身是非政治的。

如果我们借助马克思来思考阿伦特在《论革命》一书中的论述的话,那么会得到另一种阐释。这种阐释会把剥削视为不公正现象,将社会理解为可以政治化的领域。阿伦特认为,通过"将社会问题转化进入政治范畴"(Rev 77),马克思将自己展示成为"反叛者和革命者"①,对此她感到钦佩。马克思在"自由史"中所发挥作用的积极方面,在她看来正是牢牢把握住了剥削概念。由此才能使得贫穷不再被视为自然短缺所造成的无可避免的后果,而是一种政治现象。② 贫穷因此不再是自然事件,而是人造的、基于暴力的、"人剥削人"的结果。利用这种分析,马克思"点燃了起义和造反的精神,只有被施加暴力,而并非身处必然性的压力时,这些起义者和造反者才是能动的"(Rev 78)。阿伦特因此在这里也对把社会领域的冲突转变为政治问题的转变过程做了思考。那么这种从社会问题转向政治问题的过程是怎样的呢?

---

① 参见与雅斯贝尔斯的书信往来,〔德〕洛特·科勒、汉斯·桑纳编著:《汉娜·阿伦特与卡尔·雅斯贝尔斯——书信集(1926—1969)》,第 204 页,慕尼黑,1985。

② 黑格尔在法哲学当中如此说道:"没有人能够面对自然来声索权利,但在社会的状态中这种阙如立即获得了不公正的形式,施加在这个或者那个阶级身上。"(Rph § 244 Z)

显然根据阿伦特的观点，社会的张力只有当被破译为"人为造成的"并以这种形式成为关注对象时，才是政治的。自然事件变成了社会造成的、归咎于人的不公正。只有从不公正的经验和愤怒中才会产生反抗的动机。只有当贫穷被感受为不公正和某种不是必然如此的事物时，才会引发愤怒。

这种规范性成分的内在结构，与霍耐特所考察的"社会冲突的道德语法"类似，但阿伦特对此并没有做出更加细致的探究，而是展示出了这个过程的政治意义。对贫穷具有人为制造的特征的洞见指向了一个自由和行动空间的存在，这个空间必须得到把握和实现。① 我们无法游行抗议自然事件。相反，"人为制造"的东西人们可以通过政治行动加以改变。这样一来社会运动在阿伦特那里便成了政治运动。我们可以说，虽然构成这些运动基础的贫穷和疾苦问题，本身不是（不是"天然的"）政治的，但对它们做出反应的运动（在法国大革命时期这些问题还不仅仅包括物质问题），可以——这一点与阿伦特对法国大革命中群氓的情感正好相反——被理解为政治运动。但这也意味着，这些运动必须把自身理解为政治性的，并作为政治运动的面目出现。

———————

① 因此阿伦特强调的是，如今在马克思那里被当作伦理或者道德哲学来讨论的维度，在他本人的著作中是政治的维度。参见［德］埃米尔·昂格恩、格奥格·娄曼：《伦理学与马克思》，柯尼希斯坦因/陶努斯，1986。E. Angehrn, G. Lohmann, *Ethik und Marx*, Königstein/Ts., 1986。

很多人甚至赞成，在一个突出的意义上将社会运动（或新或旧）视为政治的和行动的原型。① 在社会运动中我们不仅能找到典型的"共同行动和言说"以及共同说服的力量；创造性的政治行动的事件性和卡里斯玛时刻也可以在此轻易被重新发现。即使当"社会问题"不是新的问题的时候，社会问题的政治化也始终表现为事物秩序的变换：我们不再在社会秩序的游戏框架内而是就该框架进行磋商。并且我们总能观察到——这当然特别针对"新的社会运动"的表现方式——"革命的"暴力或者革命的"反叛"较少具有工具性意义，反而更多地呈现为"掌控世界"的特殊形式（"Se mettre en scène"：此时有新的行为体走上了政治舞台）。所有这些非常接近阿伦特的观点，但她始终恰恰为这些历史时刻——从匈牙利革命到六八运动——感到振奋。被阿伦特称为"政治的基本德性"（VA 37）的勇气特质，也就是为了"良好生活"而甘愿冒险放弃"纯粹生活"、放弃幸存的特质，属于走出社会冲突的前提条件。我们只需要回想一下布莱希特《决心》中的诗句："考虑到你们接下来/携枪炮威胁着我们/我们决定：从此之后/对糟糕生活的恐惧不再亚于对死亡的

---

① 在围绕着私人和公共、社会和政治的区分的争论中，我们经常会忽视，对阿伦特而言，立法也属于"前政治的"，这表明，对社会的排除并不伴随着国家行为的优先化一同出现。

恐惧。"①如今这当然不再总是关于生或死的问题，但是牺牲（往小了说）自我利益的冒险和准备，也是政治争论的前提条件。这一点本身也适用于最普通的情况：当医学专业的学生为了争取更好的教育机会和更多的实习岗位进行罢工时，他们也冒着丢失自己的学业和失去时间的风险。

阿伦特对社会问题的拒斥态度表现在她对法国大革命的论述当中，但隐藏在这种态度背后的东西是什么呢？她坚持认为社会和政治领域应该做出并且可以做出区分的意义在哪里呢？与她的社会批判相似，促使她做出鲜明的二元对立区分的动机，正是其对社会问题的"自然依赖"（Naturverfallenheit）的质疑和对社会运动的自然主义（自我）理解（或者说是误解）方式的拒绝。

我们可以再次借助跟马克思之间的关系对这一点做出阐述。如果说阿伦特一方面——就像上文所引用的那样——赞颂马克思是"反叛者和革命者"，并且认为马克思是揭露了经济问题的政治特征的那个人的话，那么另一方面她也批判马克思的历史决定论，将社会生活（再）自然主义化的趋势归咎于他（这一点可以轻易在"贫困理论"的某些形态当中找到原因）。因此在阿伦特看来马克

---

① 《决心》是德国著名剧作家贝尔托特·布莱希特于1934年所写的纪念巴黎公社的诗歌，后被其编写进戏剧《巴黎公社的日子》。1951年在其出版的诗集《诗选百篇》当中，布莱希特将这首诗的名字扩展为《公社的决心》。——译者注

思在"自由史"中扮演着"双面角色"，他在首先"发现"了社会的政治特征之后，又在后来的理论发展中将这个发现付之一炬，因为他出于经济的优先性牺牲了政治。"当马克思刚刚借助于剥削概念将贫困视为压迫的结果时，他也就已经发现他的范畴原则上可以颠倒过来，也就是说，就像经济还原为政治一样，政治事态同样可以还原为经济事态。"（Rev 80）正是马克思对经济和社会发展的强制性逻辑的痴迷，导致了政治维度的再度遮蔽。表面上自然的事物（自然给定的事物）其实来源于生产性（社会的建构物），而为出于宣称历史进程具有类自然特征的目的，这一洞见发生了掉转。马克思因此"在协助现代最易败坏政治的学说最终大获全胜方面，做出了任何其他人都无法比拟的贡献，根据这种学说，财物的生活才是最高等级的，社会的生命进程是一切政治的目的和归宿"（Rev 79）。

阿伦特因此批判马克思将政治问题"再自然化"，与之类似的她对法国大革命中群氓——彼时这些人还没有受到马克思的影响——的指责则是，不应将社会问题当作政治问题牵扯进来（或者社会问题基于"极端贫穷"不能被当作政治问题加以考察）。在不考虑判断的历史有效性的前提下，可以这样解释阿伦特对社会问题和政治问题的尖锐对立的兴趣：如果说某个问题的政治维度展现了共同塑造世界所需的行动空间的话，那么社会维度则停留在了幸存必然性所导致的强制当中。当阿伦特试图将社会从政治中排除出来的时候，她同时也以不容置疑的方式把她认为属于"自然的"以及因此是强制的事物留在了外部。反过来这也意味着，直接的生存问题的答案并不适用于解决政治自由和自我规定问题。

充分执着于"社会问题"的政治维度表明，我们在关注经济问题的同时，也必须提出关于权力和政治塑造的问题。"社会问题"既然被把握为非政治的，因此迫切需要技术性的解决方案——在保留质疑的前提下也可以以俾斯麦社会家长制的措施来加以解决（对技术性解决方案的批判方面，相较于反现代的精英保守主义的立场，阿伦特更接近于马克思主义的"革命派"的思想潮流，这与她在社会问题上的立场基础一样）。她发现"贫困的诅咒不仅在于贫穷本身，还藏在黑暗之中"（Rev 87），将公共领域排除在外，造成了"生活在世界中没有结果"（Rev 86），阿伦特自己正是通过这些见解，使大家注意到社会不平等具有无法掩饰的政治特质。

但阿伦特处理社会问题时表现出的模糊性，不仅体现在她没有对社会问题转化为政治问题的过程的面貌——譬如可以加以普遍化的要求以及法律规范维度所扮演的角色——做出真实的探究。主要问题则在于，阿伦特自身最终重新站在了决定论的立场上，把"社会问题"理解为"贫困事实"，从而回到了社会冲突"受制于身体"的定义。既然她以此将社会归入"自然的强制"和"自然的需求"的领域，而抛却了社会现象始终已经是被构造的并且因此是可以构造的这一事实，因此她找不出第二条道路去拯救自由，这条路必定是将自由与必然性、政治与社会隔离开来。我们可以说，她反黑格尔主义的立场导致她走向了对社会的再本质化或者说再自然化。

这一点对她的社会批判的可信度（或者说是有效性）造成了影响。将社会描述为类自然的共同生活领域，并从中得出自然与文化之间、社会生活与政治生活之间存在尖锐的二元对立，这一点是无法让人信服的。这种对立不仅仅忽视了过渡和发展的可能性，如果它是本质性事物，那么它还没有切中现象。在阿伦特尝试把社会生活当作"自然的"事物加以批判的过程中，她自己也落入了自然主义的观点。所以她无法发现，人的需求一直都是被诠释过的需求，而共同生活的形式也一直都是塑造"世界"的特定方式："人们从不赤裸地幸存着。"总而言之阿伦特没有真正切中社会领域，用她自己的话来说：她低估了社会所拥有的"塑造世界的"力量。

二元对立论述的另一后果是：对阿伦特来说，市民社会既没有规范性也没有政治性潜力。她既没有重视市民社会脱离传统约束所实现的自由的增长，也没有重视市民社会的法律关系所具有的规范性内涵。依照阿伦特的概念，"公民社会"的制度建设也只能与市民社会的发展处于完全脱节的关系当中。哈贝马斯描述的市民公共领域的形成过程(科萨赖克①的论断与此相反)——他认为市民公共领域恰恰产生于市民社会政治化了的"内部生活"(Innenleben)——不是阿伦特的关注对象,因为总的来说,阿伦特将现代主体性的发展和私人生活的发展批判性地对立了起来。

但她的区分却适合于阐明社会病理学:强制、顺从性、对行动和决策可能性的遮蔽以及沟通的丧失,所有这些都伴随着阿伦特所诊断的"世界异化"的过程。

倘若如上所说,阿伦特没有像黑格尔那样把市民社会视作伦理整合的缺陷,那么现在这一观点可以得到修正了。但不是在伦理的瓦解方面,而是在共同世界的丧失方面,阿伦特描述了现代"大众社会"的病理学,它作为极权主义的前兆标记着这样一种状态:在个体之间"共同世界跌落成碎片"(TotH 515)。即使是正常状态的现代社会也被她阐述为"世界"的丧失:世界的丧失或者"世界异化"是"世界的社会化"(VZ)的表现。因此在下一章中我将详细考察阿伦特的"世界"概念的含义,以及这个概念对她的社会批判立场产生了何种结果。

---

① 参见[德]于尔根·哈贝马斯:《公共领域的结构转型》,美茵河畔法兰克福,1990(1962 年第 1 版)。J. Habermas, *Strukturwandel der Öffentlichkeit*, Frankfurt a. M., 1990 (1. Aufl. 1962);[德]莱因哈特·科塞莱克:《批判与危机》,美茵河畔法兰克福,1989(1959 年第 1 版)。R. Koselleck, *Kritik und Krise*, Frankfurt a. M., 1989(1. Aufl. 1959)。

第三章　世　界

　　"世界"这一概念在阿伦特的思想当中，在很多方面与"社会"是对立的。凡是她把社会理解成类自然领域的地方，对面都站着作为人造物领域的"世界"；并且凡是她将社会描述为扩张性的共同体的地方，她都把她的"世界"概念设想为一种产生共同性的、但又有别于共同体的社会联结关系。也就是说，通过共同世界——这是阿伦特的中心思想——人们不仅相互联结也相互分隔："就像每一个'之间'（Zwischen）同时造成了联结和分隔，世界也联结和分隔了共同属于这个世界的人们。"（VA 52）

　　这个"世界"概念虽然在阿伦特那里占据中心位置，但却一直没有得到系统性的解释，因此我们并不惊讶在对她的作品的讨论中，"世界"混淆于"家园"或者"文化"，或者作为公共领域的近义词来使用。事实上，"世界"概念在阿伦特的作品中出现于不同的关系体中，这些关系体她并未明确区分。基本来说，当世界被用来指涉人们制造的物的世界时，它在含义上有别于那个意指沟通塑造的行动和决策空间的"世界"概念。我们必须首先区分不同的方面，才能澄清阿伦特的分析的含义，但是尽管如此，我们仍然需要在考察中将它们相互参照，否则我们很难明白，当世界被理解为"物的世界"或者说现存世界的时候，"共同世界"随即在大众社会的个体之间瓦解意味着什么。作为阿伦特理论基础之一的世界概念其重要性正体现在"沟通"因素和"物的"因素方面。

理解阿伦特概念的重要背景是海德格尔的哲学及其世界概念，以及他用来描绘人类生存基本状态的"在世存在"。因此在这一章中我会首先勾勒海德格尔世界概念中对阿伦特来说比较重要的那些方面。接着我会阐释阿伦特的世界概念，并指出，这个概念虽然受到海德格尔的启发，但本质上仍然有所区别，因为她的世界概念根本来说是着眼于主体间的。最后我会展现从中所得出的结论，这些结论针对的是世界和政治之间的关系以及作为对立面的世界和社会之间的关系。

"意蕴"和"敞开性"

海德格尔的世界概念

什么是"世界"？简单地说：所有在"那"的东西，所有恰巧如此"有"的东西。世界因此是我们能发现的以及——不管以何种方式——能感受到的事物的整体。但当我们尝试做出"这不是我的世界"诸如此类的表述，同时援引上述对"世界"的理解时，事情就更麻烦了。将这些引起的麻烦放置一旁，在不考虑多重世界的前提下，这说明，世界并非显而易见是"我的"世界，也并非显而易见是对我开放的或者说对我具有重要意义的世界。

海德格尔哲学中对世界概念的阐释，构成了对"幼稚的世界概念"的问题化（或者说是批判），但它同时也将我们日常与世界打交道（日常意义上的"在世存在"）考虑在内。"世界"在海德格尔《存在与时间》当中，根本来说是一个实践的关系体，这个关系体是"一个事实性的此在以这种方式生活着"（SuZ 65）的地方。他将这种世界概念，区别于那种仅仅作为现存的、意指"存在者的全部"（SuZ 64）的世界概念。世界不是一个对象，也不是我们能观察到的各类对象的总体。"对海德格尔来说，世界必定不是现存事物的客观总体性，而是人在其中作为行动者存在的存在者的那种整体。"（SuS 199）相应地，通往世界的途径不再出现在一个认识的主体和一个与其分离开来、被认识的客体之间。在人的此在以认识的方式指向这个世界之前，它始终是"在世的"：世界是一个跨主客体的关系体。

当我们与世界的关系不再是一个进行观察的主体面对某种"现存"事物的理论把捉的话，那么这个关系是什么样子的呢？海德格尔在此站在了实用主义的立场上。世界以一个为我们所用之物的关系体的形式与我们"照面"。只要我们使用这些物，也就是说卷入了世界这个实用性的关系体，我们就一直在这个世界上。例如，锤子作为一个工具，我们利用它将钉子敲入墙内，以便挂一幅画。这个关系体不是数字意义上的总体（"所有这样存在的东西"），它建构自身成为"指涉的整体"（Verweisungsganzheit）和"因缘的整体"（Bewandtnisganzheit），具体的物从中获得意义。这个"出于……之故"（Umwillen）关系体具有视角性的特征。只要我始终在这个世界上，处于一定的立场上，我观察它的视线便不是不带任何视角的。正如视域——它取决于我的位置——设定了我所能看到的范围边界，世界也以我为中心。我正是"世界的中心"①。

借助于对"在世存在"的分析，海德格尔阐明了实践性世界关系相对于理论性世界关系的优先性，从而引导了一场哲学的范式转换。如果说"意识哲学"（比如笛卡尔）的认识论问题形成于主体被设想为与世界相分离的本体论的背景之上，进而追问（可靠的）知识如何来自外部世界的话，那么海德格尔的出发点则是一种与世界原初的、实践的亲密性。早在世界能够对我而言构成问题之前，我们已经进入了这个世界，并以实践的方式——

---

① ［德］米歇尔·图尼森：《他者》，第 29 页，柏林/纽约，1977。M. Theunissen，*Der Andere*，Berlin/N. Y.，1977，S. 29。

作为在世界中的行动者——处于这个世界之中（我们的认识在一个"诠释学的循环"中运动）。当世界不再由"单纯现有的"事物组成，不再意指（能够被认识的或者无法被认识的）物的总体时，那么这些物也不是天然就成为这个世界，而是通过我们把它们理解为并赋予含义成为一个世界。世界因此是一个意义和理解的视域、一个充满意义的关联网络和各种意涵构成的关系体，我们早已进入这个关系体当中，但它也同时通过我们与它的关联才得以建构。费加尔指出："在物有所'意味'并借此也打开了特定的行动方式的地方，'世界'的关系体才呈现出来。"①

这一角度不仅是上面所说的视角特征的来源，而且也是一种有别于德国观念论的建构学说的来源。世界不是"给定的"，而是被"制造的"。尽管如此，它却不是一个全能主体的产品。世界是"人的世界"，不是在它是人的设定这个简单意义上来说的。人的此在建构了世界，但同时世界是先行的，由此此在才能从中出发进行自我理解。世界是"此在的世界解抛"（Weltenentwurf des Daseins），同时也以事实性的面目与我们相对立。海德格尔对此做出过鲜明的表达：人"同时是世界的主人和

---

① ［德］君特·费加尔：《只有距离才能产生美》，载《法兰克福汇报》，1995 年 6 月 14 日。G. Figal, "Man sieht nur aus der Ferne gut", *FAZ* 14.6.1995。

奴隶"①。这种对世界可占有和不可占有之间的平衡，对阿伦特具有重要的意义。

当海德格尔在《形而上学的基本概念》中如此定义道：世界是"存在者以其在整体中的样子的敞开性"（Offenbarkeit des Seienden als solchem im Ganzen）②，他谈及了构成世界概念的多个特征。"存在者的敞开性"是指，世界根本来说是存在者显现的可能性条件，是"照面的公开活动空间"（图根特哈特）。存在者"在整体中"的"敞开性"意味着，我们总是已经并且只能在一个关系体当中指涉世界中具体的物，并且只能将其设定在一个关系体当中，并从中对其加以理解。把与世界之间的关系理解成与"以其在整体中的样子"的存在者的关系，指涉了一种特定的人的可能性，这就是把某物理解为某物，对某物加诸行动使其成为某物。这也意味着，与该物保持着一定的距离。在《形而上学的基本概念》中，海德格尔筹划了我们可以称为人的世界关系的人类学（Anthropologie des menschlichen Weltverhältnisses）的学说。通过把人刻画为"塑造世界的"（weltbildend）、把动物刻画为"缺乏世界的"（与其相对的石头则是"没有世界的"（weltlos）），他不仅指出了关联在量上的可扩增性，

---

① ［德］马丁·海德格尔：《形而上学基本概念》（1929/1930课程）（全集，29/30），第 262 页，美茵河畔法兰克福，1983。Martin Heidegger, *Grundbegriffe der Metaphysik* （Vorlesung 1929/30）（GA Bd. 29/30），Frankfurt a. M. , 1983，S. 262。

② 同上书，第 412 页。

也不仅指出了动物的划定的周围世界与人的可扩增世界之间的不同，而且还从质的方面区分了动物与其周遭的关联和人的世界关联："动物虽然拥有通往……的道路，也就是说，通往那些现实的事物的道路，但这些事物只是能够被我们已经感知和敞开的存在者。"①也就是说，我们以这样的方式指涉"世界"，即我们在从一个特定的视角去领会它或者我们将自己设定在与它的关系当中。我们以评判的方式指涉世界，带着某种看法与其照面，我们或多或少地了解各种物，要么"精神涣散地"要么集中注意力地。这些都预设了一种距离，这种距离开启了塑造的空间，世界正是以此空间的样子自我展现在人的面前。相反，动物则是"缺乏世界的"，因为它在世界中的运动受到欲望和本能的驱使，没有将自身设定在与世界的关系中。

对人的"塑造世界的"能力的指明，并不仅仅意味着人在一个"人工的"、由其自身创造的世界中运动。"塑造世界的"同时指一种对未被创造的事物的占有。连自然和大地都在特定的条件下，建构自身——向我们——为世界。在《艺术作品的本源》②这篇文章中海德格尔强

①　［德］马丁·海德格尔：《形而上学基本概念》（1929/1930课程）（全集，29/30），第390页，美茵河畔法兰克福，1983。

②　［德］马丁·海德格尔：《艺术作品的本源》，发表于《林中路》，第27页，美茵河畔法兰克福，1950。M. Heidegger, Der Ursprung des Kunstwerks, in: *Holzwege*, Frankfurt a. M., 1950，S. 27。

调了世界的解抛特征。"艺术作品的世界"首先是社会和历史语境，作品被嵌入这种语境中并从中得到理解。从对作品的"世界"的描述出发，海德格尔向着他的"世界的树立"观点迈出了关键性的一步。作品不单单被"置入"它的世界，它也在生产它的关联中发挥着积极的作用。"神庙作品首先连接了并且同时积攒了那些道路和关联在其周围，在这些道路和关联中，生和死、祸和福、胜和辱、坚韧和堕落为人的本质赢得了它命运的形状。……神庙作品站在那里开启了一个世界。"这也意味着，是世界揭示了自然。"通过树立一个世界，作品制造出大地。作品让大地成为大地。"①

"间域"：阿伦特的世界概念

世界作为物性的世界

世界在阿伦特那里首先也被用来描述"与未被创造物相对的创造物"②。"世界"在这个第一层含义上是指由人自己所塑造的周围世界，是人总是已经存在其中的"物和人的环境"（VA 27）。"这个周遭的世界……本质上得益于人的生存，得益于物的制造，以及他对土地和风景的维护性操持，和在人的共同体中

---

① ［德］马丁·海德格尔：《艺术作品的本源》，载《林中路》，第 32 页，美茵河畔法兰克福，1950。
② ［德］马丁·海德格尔：《形而上学基本概念》(1929/1930课程)(全集，29/30)，第 262 页，美茵河畔法兰克福，1983。

以行动的方式组织起各种政治关系。"(VA 27)作为由人所制造或者组织的世界因此包含两方面:一方面是被制造的"物世界"(Dingwelt)、"人手的产物"(Gebilde von Menschenhand),是制造过程的结果;另一方面则是"只在人类之间上演的事务的总体"(VA 52)和人的行动塑造的制度。两种情况下,"世界"都形成于"物化"的过程:制造的活动留下了一个持存的、客观化了的物品,行动亦是如此,它在制度中显现自身。比如民族国家被阿伦特用来意指一个民族的世界现实。

阿伦特把"被制造的世界"描述为人在世界中安身的条件:

"人的生活在自然中天生是没有家园的,但在物世界中安家;世界通过克服、抵抗对象性的生活,并以客观对象性的形式出现在对象性生活面前,从而为人提供了一个家园。"(VA 14)

以如此方式描述的世界所具有的众多特征,对阿伦特来说,都起到建构的作用。世界的人造性意味着对自然依赖性的克服,用文化代替了自然。世界是人自身所创造的他们生活行进的、非自然的着眼点,也就是说,是人的生活条件的可塑造性的非自然表现。世界是超越单纯生存的事物。这里听上去有着黑格尔"自然解放"品质的意味,黑格尔对此曾说道,作为社会教化过程的结果,人此时进入了作为"自我创造物"

的"第二自然"。①

但阿伦特对自然超越性的积极评价，却遭到了她对现代"罪恶"的批判性阐述的妨碍，这种罪恶便是通过否定任何制约来实现彻底的全新创造，从近代以来的"世界异化"过程，到极权主义将现实消解于虚构，都是这种"罪恶"的表现。世界的事先给定性和可塑造性之间的平衡状态，是成功与世界达成关系的表现。②

被制造的世界的人工性之所以能够实现阿伦特所说的对纯粹自然的超越，主要原因在于它创造了与不稳定的自然进程对立的"稳定的"事物。对阿伦特来说，世界的"质料性"以及物世界产品（但也包括公共政治世界的制度）所具有的"设置对立面"或者说对抗性品质，是重要的。稳定性将被制造的世界与自然或者与"生命进程"的不稳定性区分开来：

> "制造生产出了一个物的人工世界，这个世界不是与自然物的简单连接，它与自然物的区别在于，它在一定程度上对抗着自然，并且不至于被生命的进程轻易碾

---

① 黑格尔认为，精神"只与那些它所盖上烙印以及它所生产出的东西有关"（《法哲学原理》，§187）。也就是说，自然会变成第二自然，自然需求会变成社会需求。

② 但有待追问的是，自行为的自由方面是在哪个转折点上，转变为自我制造的傲慢。"现代社会因此，既是太过自然的，又是太过人为的……解决这种歧义的一条道路是，我们声称，对于阿伦特而言，在人为和自然之间的相应关系中，是人为完善了自然，而不是创造了自然或者完全臣服于自然。"

碎。"(VA 14)

事实性或者"世界的客观性"（VA 16）因此意味着——这里我们也能发现海德格尔的成分——这种事实性一方面虽然是人所制造出来的，但同时也是以独立于我们的形式，也就是说作为先行的世界出现在我们面前。① 另一方面这也意味着，事实性为我们设定了条件。我们与世界的关联是一个与由人所创造的语境的关联，我们在世界中活动、改变它——但我们无法设想能够独立于它。我们总是已经"在世的"，并从中出发与世界发生关联。只有当我们将物设定在一个关系体当中，把与物的关联当作与这个关系体的关联的时候，物才成为"世界"。

尽管如此，物还是以独立于我们的方式在"那"，它——至少部分地——已经先于我们或者后于我们在那了。阿伦特说："生活意味着在一个世界中去生活，这个世界早已先于人在那并且在之后将继续在那。"（LGD 30）世界的持续性以这种方式成为人类生存的有限性和单次性（Einmaligkeit）的重现条件。"制造建立了一个人工的世界，它在一定程度上独立于居住在其中的人的可死性，并给此在的转瞬即逝带来了与其相反的诸如稳定和持续的东西。"（VA 15）如此一来，对人的生存特质的

---

① 世界具有"先行性"这一特征对阿伦特来说具有重要意义，必须结合其对极权主义的分析来观察这一意义。她强调"现实性向想象性消解"是极权统治的特征，该特征恰恰意味着对任何事实性的否定，是对人的受限性的取消尝试。

意识才变成对由生死决定的时间片段的意识：

"没有人投而生和出而死的世界的话，那么人的生命事实上与'永恒的轮回'无异，人的生命将会与任何种类的动物的生命一样，是没有死亡的'一成不变'。"(VA 89)

为什么同样是先行的、决定的、稳定的自然，却无法承担同样的这些特征呢？马特洪峰不是比金字塔更老吗？不是地球，而是世界才让我们想起人的此在。只有塑造世界的活动才会留下痕迹。对阿伦特亦是如此（就像海德格尔在《艺术作品的本源》那篇文章中所论述的那样）：是世界揭示了自然。只有通过自然中人类生活的物化结果，回忆和流传才是可能的。这赋予了世界对人的生存来说"超越的品质"，把它变成了"回忆的空间"："世界的共同物……逾越了我们的生命片段，进入过去和将来；它在我们之前便在那，它比在它自身中的我们的短暂逗留更要持久。我们不仅与同我们一起生活的人共同拥有世界，还与那些在我们之前和在我们之后的人共同拥有世界。"(VA 54)

肯定的物化概念

"世界"是物化过程的结果。人的生存"自我创造的条件"拥有"无关人的本源的同样的决定力……就如同决定着的自然物一样"①(VA 16)。世界既作为人的生存的

---

① 黑格尔的"第二自然"概念当中也同样存在着这一张力：作为第二自然它是由自身创造的，之所以仍然是"自然"，是因为尽管如此，它仍然具有决定性的力量。

限制也作为人的生存的条件，这样的世界才是人的生活的语境。"人的生活无论触碰到什么，无论什么涉足了人的生活，它都立即转变为人的生存的条件。"①（VA 16）

阿伦特的立场之所以可以被刻画为"肯定的物化概念"，是因为她对以下事实采取了肯定的态度，那就是物或者制度性关系一旦被生产或者创造出来，便以"陌生的"或者独立的形态站在了个体的对立面。我们可以将其理解为对异化理论的批判（见第五章）。出于反对另一种形式的异化批判，也出于反对彻底的全新自我创造或者对自然不受限制的掌控权力，阿伦特的上述肯定立场因此指明，正是世界的"陌生性"以及可占有和不可占有之间的交替游戏，对人的行动起到了建构性的作用。

"因为世界和世界的物——在它的中心人的各类事务上演——不是人的本质向外敲打产生的铭刻一般的外在表现，相反它们是人能够制造他们自身所不是的东西的结果，也就是制造物的结果；它同时也是心灵和精神领域变成可供人在其中能够运动的稳定现实的结果，只有当这些领域被物化了，作为物性的世界存在时，这一转变才是可能的。在这个物性的世界中，人行动着，又受到世界的限制。"（WiP 25）

我在此处试图标记为属于阿伦特的"肯定的"物化概念的东西，使阿伦特蒙受着保守主义内涵的嫌疑，这一

---

① 阿伦特把其在《人的境况》中的（人类学的）观点，称为人的生存条件问题，而不是人的本质或者自然问题。

点与阿诺德·盖伦的制度学说类似。在盖伦的制度的
"卸除"（Entlastung）思想中，同样也存在着对物化的肯
定，和对由自我创造的条件变得独立化的褒扬，这种物
化和独立化作为一种"习性化"（Habitualisierung），应该
能够实现一种"类似本能的解决问题的行为方式"①。但
在这里盖伦的思想与阿伦特观点的关键差别显而易见。
阿伦特没有把人为的世界把握为"本能安全"（Instink-
tsicherheit）②的功能等价物——以至于似乎能够取代自
然一样——而是将其视为行动空间的表现和基础。在阿
伦特那里主体间被建构起来的共同"世界"是自由的基
础，不像盖伦的制度概念那样提防着行动提出解放的要
求。因此阿伦特与制度之间的关系是另类的：这一点从
她以下观点便已可以看出，即制度背后必须站立着"民

---

① 参见［德］阿诺德·盖伦：《人》，波恩，1958。A. Ge-
hlen，*Der Mensch*，Bonn 1958。《异化中诞生的自由》，载《哲学行
动理论》，美茵河畔法兰克福，1983。Die Geburt der Freiheit aus
der Entfremdung，in：*Philosophische Anthropologie und Hand-
lungslehre*，Frankfurt a. M.，1983。也可以参见［德］迪特里希·
波勒：《盖伦：行动》，载［德］约瑟夫·施佩克编著：《大哲学家
的基本问题——当代哲学Ⅱ》，哥廷根，1973。D. Böhler，A.
Gehlen：Die Handlung，in：Josef Speck（Hg.），*Grundprobleme
der großen Philosophen. Philosophie der Gegenwart 2*，Göttingen，
1973。

② 盖伦认为，人的本质是无法通过本能来定义的。不同于
动物与环境的充分适应，从而对环境有一种充分的生物学意义上
的安全感，人是缺乏一种本能安全的，安全感只能通过人工获
取。——译者注

族的生命权力"（MG 42），只有当制度被现实化的时候，它才会获得持存。由此，阿伦特的肯定的物化概念赢得了一个完全不同于盖伦的内涵；也正因如此，她——尽管她对（黑格尔—马克思的异化模式提出了批判）——凭借着"世界异化"概念赋予了问题一个新的转向。[①]

世界作为公共的空间

在第二层含义上，"世界"是指行动与呈现的公共空间，我们在空间中能发现"人类事务的关系机体"（VA 174）。"世界"在这个意义上不是"被制造的"，而是自我建构成人与人之间的关系网络。

在她后期的作品《精神的生活》中，阿伦特把世界描述为一个呈现的空间。

"人所投生的世界，包含着众多对象，自然的和人工的，活着的和死亡的，短暂的和持续的，所有这些都有一个共同之处，那便是它们都在呈现着，它们被感受的生命体借助相应的感官器官看着、听着、感觉着、品尝着、嗅闻着。……我们从无中踏足世界，又离开世界淹没于无，在这个世界中，存在和呈现是同一的。"（LGD 29）

世界，就其作为物能够呈现或者人的生存能够"出

---

① 阿伦特的立场——部分受到了海德格尔的启发——可以与其他同时代的人类学观点作比较。赫尔穆特·普勒斯纳（Helmuth Plessner）认为人的"天性是文化"。他把人和世界的关系描述成"中介了的直接性"，并且把自我关系的结构阐释为人不得不去"过一种生活"，也就是说自行向着生活去行动。这种观点与阿伦特相去不远。下文中会谈及普勒斯纳的"人的偏中心位置"的概念。

场"的条件而言，具有近乎先验的特征。从反柏拉图主义的角度来思考：凡是"存在和呈现"同一的地方，也就没有"背后世界"（尼采），真实即是呈现。阿伦特在这里提出了一种"呈现的人类学"，根据这种人类学，她认为所有生命体都有"自我展现的渴望"，这一渴望能够在作为舞台的这个世界中得以满足。世界作为呈现的空间取决于其他（人）的在场。"这个世界中没有任何事物和任何人，其单纯存在不是预设着一个观众。换言之，只要存在者呈现着，它便不是向所有人呈现；每个存在者都是被某人感知的存在者。"（LGD 29）"呈现"因此始终是面向某物或者某人的呈现。物和行动一样，只有它们进入了公共的呈现空间，拥有了"世界性的实在"，它们才是现实的。"某种东西呈现着，并完全能够被我们也同样被他人感知为那个样子，这就意味着在人的世界中，该物具有了现实性。"（VA 49）

既然世界是一个呈现的空间，那么它便不是内在的、不可见的、私人的，而是公共的。这个世界的公共性，具有建构实在的力量。从这个角度出发阿伦特谈到，我们的实在感依赖于公共空间的存在，"在公共空间中，某物能够从被遮蔽和被隐藏的晦暗中走出来"（VA 50）。"世界"在这里因此是公共的共有。它被阿伦特作为现象性的、公共—共同的实在，设定在了遭受"非现实性"质疑的私人和内在领域的对立面：

"就算私人的内在生活充分发展的私密性——对此

我们必须要感谢近代的兴起和公共领域的衰落——以及主观感觉和私人感受的音阶都升至最高、扩至最宽，这一强化过程的产生，也必然是以牺牲对世界现实性和在其中呈现的人的信任为代价的。"（VA 50）

"之间"：世界作为共同世界

我们可以尝试着如此界定世界和公共领域之间的关系——二者有时被阿伦特作为近义词来使用——："世界"代表着"物性的"方面，但这个方面要奠基于公共领域。虽然世界只有作为公共世界才是现实的；但反之，这个公共领域必须"世界性地"表现出来。它取决于世界的"聚集场所"（Versammlungsort）。"世界"是一个人和物的公共"聚集场所"，一个人与人在共同事务上相互关联的场所。如果说世界作为呈现空间似乎首先只需要他人以观众的身份在场的话，那么这一描述证成了一个新的方面：此时是世界自我建构为共同的世界。世界总是"共同世界"，一个在相互关联的人与人"之间"才能实现的"沟通和象征的空间"①。

---

① 参见［德］杰弗里·安德鲁·巴拉什：《作为政治问题的公共世界的阐释——汉娜·阿伦特的海德格尔诠释》，载［德］迪特里希·帕喷福斯、奥托·波哥勒编著：《马丁·海德格尔的哲学现实性》，第 121 页，美茵河畔法兰克福，1990。J. A. Barash, Die Auslegung der öffentlichen Welt als politisches Problem. Zu Hannah Arendts Heideggerdeutung, in: D. Papenfuss und O. Pöggeler（Hg.）, *Zur Philosophischen Aktualität Martin Heideggers*, Frankfurt a. M., 1990, S. 121。

但在何种意义上世界是"共同世界"呢？什么是一个共同世界？

我们在描绘不同的社会状态时会使用"我们分属不同的世界"或者"这不是我的世界"诸如此类的说法。反过来我们对与某人或者一定数量的人以共享"同一个世界"的方式联结在一起，也有着感觉。与某人在一个"共同世界"生活的印象并不是毫无缘由的。我与邻居并不会因为去同一家超市购物，便共同拥有一个世界。"拥有一个共同世界"在此并不意味着"亲近"或者"亲密"。共同世界同样也不等同于统一：当"不同的世界"把我们与某人分开或者某人生活在"另一个世界"中，并非是说，我们在众多事物上与他不一致或者发生争论。共同世界反而是指："我还根本无法与其争论！""共同世界"看上去是能够根本上相互理解的条件，它也是与某人无法达成理解的条件。我们可以用"共同的视域"来作比喻。世界因此是一个关联系统，在这个体系中我们能够对物一起加以理解和阐释。但问题则是：这是如何产生的，"共同世界"是如何自我建构的？对阿伦特来说重要的是，这一过程不能被理解为一种内在的结合，而是通过一个"第三方"的中介并且有赖于"外部化"（Entäußerung）的人与人之间的关联。

世界在一个诱发性的规定中，被阿伦特理解为"之间"，既联结又分离。

"在世界中共同生活本质上意味着，在以其为共同居所的人之间存在着一个物的世界，在相同的意义上譬如说，人们之间有一张桌子，人们围桌而坐——世界——联结并且分离着共同拥有这个世界的人。"（VA 52）

因此世界是一个我们与其共同发生关联的"第三方"。这个"之间"同时创造了距离和结合：因为它"在我们之间"存在，所以我们不是直接相互结合；由于我们共同与这个"之间"、也就是我们的"共同世界"发生关联，所以我们处于经由语言、制度等各种不同的外部化和物化方式所中介的联系之中。这一中介对阿伦特来说具有显著的重要性。"属于我们的共同世界将人群聚合在一起，又同时阻止了他们近乎相互掠夺的情形。"（VA 50）相反，"大众社会"之所以会让人难以忍受，是因为"大众社会中的世界丧失了将人们聚合在一起的力量，也就是失去了既分开又结合的力量"（VA 52）。与"第三方"的共同关联也把对同一个世界的共享关系与直接的、非中介的关系——比如基于爱的关系——区分开来。那些缺乏"之间"的共同体也是"没有世界的"，比如基督教共同体的手足之情。爱本身是"没有世界的"。我们不仅可以在不与某人共同拥有同一个世界的情况下，爱上这个人。阿伦特说：爱"焚毁"了在"之间"中存在的世界。"爱凭借激情只是去把捉那个作为他者的'谁'，但世界性的间域……却仿佛

消失于火焰之中。"①(VA 237)

通过同一个世界相互结合在一起的人们具有怎样的行为？比如我与同事一起在电影院工作，那么此时我与他们便以某种方式通过一个共同世界结合在一起。与其他电影放映员一起讨论机器的维护，讨论1∶66的物镜出现"乳状"，过渡功能不太好或者说变形设置错误，从而造成宽银幕电影失真。所有这些能够立刻被外人识别为一个陌生的世界。倘若我与另外一家影院的放映员相遇，那么我便能够立即开启一段对话，这段对话涉及这些共同点。因此在这种情况下，与电影技术打交道的经历作为"第三方"，制造了我们之间的结合。出于同样的理由，我也可以和一位在国家图书馆刚刚结识的某人，就属于我们的图书馆的共同世界开启对话。我们将会以某种方式"亲密地"达成相互理解，聊某些对外人而言并不知晓的细致话题（比如聊那些总是占满所有座位的医学生，或者是入口处的里希特女士）。为此我们不必彼此亲身认识。也就是说，我可以第一次见他并且在第一次谈话中发现，我们共享着同一个世界或者多个世界。

---

① 这并不意味着，失去爱的人无法创造一个"共同世界"，或者说甚至对于这份爱的存续来说，在一个"世界存在"——例如一个共同的社会生活——中将自身"物质化"并不特别重要。黑格尔认为，在子女身上，父母的爱变成客观的（Rph §173Z），阿伦特与黑格尔类似，她也发现，爱通过子女而变得具有"世界性"。但支持这种爱的无世界性观点的，则是爱——文学中该主题屡见不鲜便证明了这一点——能够挣脱社会限制。

我们发现并且对某事相互理解的时刻，是"实现"它的时刻。在两种情况下均会出现：我并非主要和那些我"亲身"认识的人拥有同一个世界，而是主要和那些与我在相似的关联体或者语境中运动着的人拥有一个共同世界。这意味着，共同卷入某事当中。彼此之间的亲密并非共同世界的充分条件，朋友圈子本身也不是一个共同世界。我们把在一个与很多人共享的共同世界中的某人称为朋友，但与这个人的结合须多于并且不同于这个世界带给我们的结合。

世界因此就如同被所有人共享的"桌子"，而不是那种从"内部"与我们结合的东西。在这个意义上世界是"外部的"。另外我们也不仅仅总是已经"在"世界中，我们通过在其中（靠它）相互理解，才创造出一个我们的共同世界。我们不单单拥有不同的视角，而且彼此交换视角，并以此方式将其建构为"借由行动和言谈形成的人类关联体的世界"（WiP 89）。连接我们的"之间"，不是简单地从内部连接我们。并不是因为人类是群居的，"世界性的间域"便已经形成了。

"只有在共同交谈的自由中，才会完全形成我们所说的这个世界，在这个世界中无论从哪一面向都能看到客观性。在一个现实的世界生活和与他人在该世界中进行交谈，两者根本来说别无二致。"（WiP 52）

继续以上文中的国家图书馆为例，我们就可以理解：

如果我没有和某人进行交谈，那么我就谈不上与其拥有同一个世界。我们甚至可以说：如果我不能与其交谈或者以某种方式——譬如手势——达成相互理解的话，那么我便根本不能发现我是否与其共同拥有一个世界。在同一片场所单纯的在场，不是共同世界的充分标志（也许我在国家图书馆的交谈对象根本不认识里希特女士，也许他也没有发现那些已经被预定的座位）。我们——不管以何种方式——就这个世界达成了相互理解，这样我们才同享一个世界。我们交换我们的观察，并给彼此起外号（哲学家"吉姆普尔"或者"老虎莉莉"），我们一起描绘和评价我们所看到的。我们通过使其"负载"含义，创造了一个共同世界。沉默的并列无法产生共同的世界。

"共同世界"的语言特征也指涉着"之间"的作用。当我们通过世界相互结合时，我们不是融为一个统一体。我们通过相互理解，彼此交换着视角。但也正是由于需要相互理解，才产生了分离。"桌子"是共同所有的，因为我们都坐在它旁边。就每个人——如阿伦特所说——占据了桌边不同的位置而言，桌子的目的又在于将我们彼此区分开来。桌子作为分离装置引起了视角的差异。

"通过行动和言谈形成的人的关联的世界"（WiP 89）是在主体间被建构的。如果说在海德格尔那里被纳入考量的是对世界的透视，世界以透视法的方式与解抛世界的自身产生关联，那么现在阿伦特的世界概念，则具有无法追踪至某一点的"多重视角"。世界不再"围绕着我"①而形成，也不"围绕着我们"，而是"在我们之间"——如同一座帐篷必须在多个固定点之间才能被撑起那样。"世界"在阿伦特的意义上通过落在它自身视角的多样性制造了自己。

"只有物——在不失其同一性的情况下——被很多人从多种视角观看，从而使得环绕聚集在物周围的人知道，那只是同一个物在向他们展示极其不同的面向时，世界的现实性才得以原原本本可靠地呈现出来。"(VA 57)

这是"现实性的社会建构"——但不是在"皇帝的新装"的意义上作为一种集体欺骗才成为现实，或者如同老大哥的无处不在的眼睛一样。实在只有透过各种各样可能的视角才能得到保证。"博士论文撰写者具体的想象远比上千只都戴着统一粉色眼镜的眼睛看到得更多。"②"倘若只能从一个方面被观察，那么共同世界会消失不见；它根本上只存在于视角的多样性中。"(VA 57)这也意味着，如果一个共同世界倾塌，剩下的未必是一个个单独的世界。

反过来这就是说，与共同世界的关联，造就的不是它的参与者的千篇一律，而是他们的多姿多彩，他们聚

---

① 参见图尼森对胡塞尔和海德格尔的描述：世界是"围绕着我"（［德］米歇尔·图尼森：《他者》，第 29 页，柏林/纽约，1977）。

② ［德］西奥多·阿多诺：《否定辩证法》，第 56 页，美茵河畔法兰克福，1982。Theodor W. Adorno, *Negative Dialektik*, Frankfurt a. M., 1982, S. 56。

合在一起不是形成了一个统一体，而是为多元性做好了准备。由于我们能够以不同的身份去描述和把握，在"我们之间"存在的世界才能开启空间。这一点体现在沟通的角色当中，沟通在阿伦特这里作为"创造世界的言谈"，不是海德格尔意义上的"闲言"。

"世界性的"共同性体现为多元性，一个均质群体的共同性会逐渐变成"无世界的"，这二者之间的关系，可以依据社会（或者政治）运动是朝着"舞台"（Szene）的方向还是朝着"亚文化"（Subkultur）的方向去发展来阐释。走向"舞台"会伴随着这样一种发展，即言谈不再适用于对行动可能性的共同探讨，而是遵循着内部"均质化"的目标。此刻所说的"共同语"对外起着区隔的效果，就像衣服、举止和生活风格等其他象征物一样。那个"桌子"——那个"联结着并且分隔着"的世界，共同的"操心"的对象——缺失了。用来指涉共同点的表达，此刻基本不再关乎会得到某个答案或者能够展开探讨这种形式（这一点也体现在宁愿讨论过去的事件而较少讨论未来的事件上）。

世界产生于在世界中关于世界本身的言谈，此时存在一种原则上永不终结的沟通形式①，它不会溶解在所

①　参见卡诺万对哈贝马斯的批评，她认为以实现共识为导向的"沟通行为"模式误解了阿伦特的观点。对此她在"共同意志"和"共同世界"的区分中做出了清晰的解释。［英］玛格丽特·卡诺万：《扭曲的沟通——对哈贝马斯和阿伦特的点评》，载《政治理论》，1983年第11期。Margaret Canovan, A Case of Distorted Communication-A Note on Habermas and Arendt, in: *Pol. Theory* Vol 11, 1983。

达成的一致中；一种"创造世界的言谈"拥有公共的品质。语言在建构世界中的角色可以借助于查尔斯·泰勒来加以阐述，泰勒指出，在语言的"表现维度"中存在着证成公共空间的可能性。"表现出什么，表达什么，这些都不仅存在于我们对它的明确倾注中，也存在于我们首先将其置于公共空间，然后以倾注行为的共同参与者的身份聚集起来的活动中。"[①]语言的这一维度并不限于信息的传递。当我们把公共领域的任何功能都视为达成理性共识的场所时，语言的意义似乎就体现在它是呈现的空间。泰勒赋予了海德格尔关于"世界开启"的思想以公共—民主的内涵，他指出了语言的开启功能："通过在对话中表达某物，我们公开了它或者说开启了它，就如同向一个公共空间置入了它；这种对我们人的事务具有基础作用的表达对事务的开启作用，意味着表达使这些事务成为我们的事务。"从而"我们之间的公共空间是由我们的语言证成的和塑造的；事物之所以如此，得益于我们是语言的动物这一事实。"[②]

世界作为行动的空间

这样一来，当"人的事务"变成了共同的公共事务的时候，那便也意味着：世界是一个行动的空间。作为共

---

① ［加］查尔斯·泰勒：《意义理论》，载《否定性自由?》，第77页，美茵河畔法兰克福，1977。Charles Taylor, Bedeutung stheorien, in *Negative Freiheit?*, Frankfurt a. M., 1977, S. 77。

② 同上书，第84页。

同世界的世界不仅产生于与其共同的关联之中，通过对其加以决策、共同塑造或者对被塑造物（例如制度或者传统）进行表达，它的产生还有赖于在其中的共同行动。"世界的瓦解"因此主要是指，对这个物和制度的世界的关联似乎变得"没有意义"（sinnlos）了。与共同的"日常世界"的充满意义的关联，是将其理解为行动空间的基础。

在一场较大规模的、广受支持的大学罢工事件中，此前作为——或多或少——被大家所共享的世界的大学变成了一个行动空间，这个空间在强调的意义上可以被描述成"共同世界"。之前（被动地）可以被共同感受的东西——譬如所有人一起参加研讨课、去食堂、必须写作业或者参加考试、去实习——此刻成为政治讨论的对象。诸如改变学习条件、设立女性研究、实行新的助教制度之类的要求被提出。也就是说，日常的共同世界现在作为潜在可能的行动或者共同决策的场所被加以问题化了。在此前所呈现的世界中，我与他人以某种方式共享着它，他人也以同样的方式受制于它的条件和要求，现在共同世界的含义是，它作为行动空间而言对我们所有人来说是开放的。可以说，通过我们将世界变成决策（和要求的）的对象，世界作为世界才明确地成为一个主题。

当以"行动的和言谈的"方式能够就共同世界达成相互理解时，便把世界从被动感受物变成了可以被塑造的领域。世界是我们实际"操心"的对象。世界的共同点——其含义是对本质上被动感受的世界所达成的相互理解——与作为政治行动空间的共同世界之间的过渡，是流动的(但我们也可以把"去政治化"描述成为一种"无世界性"(Weltlosigkeit)，因为这里凸显出一种领域限制，它吸引着个人超越自己的生活，并进而挣脱共同世界)。

针对从这种思考中得出的世界概念，可以借助图根特哈特在《自我意识和自我规定》中对海德格尔的阐释来如此表述："世界"是人的生存的活动空间，它是一个能够提出"实践问题"①，也就是追问我或者我们应该做什么的行动空间。

共同世界成为主题，在大学罢工的例子中，可以被视为实践问题的激进化。当这类问题或多或少地能够被彻底提出时，那么我们也可以把共同世界的这种政治化理解为一个过程，在这个过程中，越来越少的条件被视为给定的，而越来越多的前提被纳入共同商谈之中。比如所涉主题可以从"我应该怎么做，才能通过接下来的考试"，到"哲学书面考试究竟有意义吗"，再到"大学学习到底应该是什么样子的？我们应该赋予大学在社会中以什么样的角色？"如果我们认为，实践问题要么总是能

---

① 关于图根特哈特论述海德格尔所说的"实践问题"，参见[德]恩斯特·图根特哈特：《自我意识与自我规定》，第193页以后，美茵河畔法兰克福，1979。

够被提出要么无法被提出（意思是说，"我也无法决定"单单这件事也同样是一个决定：我悄悄决定不去明确做出决定），那么日常共享的世界和共同的（政治化的）世界之间的关系也可以通过这种观念得以把握。当然，我们并不仅仅在上述政治化的情景中才能共同拥有一个世界。但是，哪怕在它没有现实地（事实上）成为实践问题的对象时，它仍然是潜在着的。我们提出一项——可能有别于阿伦特阐述的某些方面——能够克服日常世界和政治世界之间过于鲜明的二元对立的建议①：即使是日常生活也在世界中上演，而这个世界始终是被共享的世界。另外借助阿伦特我们发现，这个世界必须首先成为一个真正的共同世界。共同性不仅不是不言自明的，而且只有依靠在世界中能够共同行动，行动和塑造空间这种"世界特质"（Weltcharakter）才会变得显而易见（如果不能实现这一点的话，便无法共同拥有世界）。当我们对世界作为潜在的塑造空间——阿伦特同时并未把这个空间理解为没有任何限制的可能性空间——有所预期的时候，作为行动空间的世界才是自我规定和解放的观念的基础或者前提。

———

① 本哈比在她对阿伦特行动概念的探讨中，也处理了相同的问题——日常的再习性化。她在《汉娜·阿伦特勉为其难的现代主义》一书中处理了阿伦特与日常之间的关系问题，她认为，这种关系体现出阿伦特反现代的风格。在她对阿伦特行动概念的批判性重构中，她把行动理解为"叙事性行动"，并尝试将其重新整合进日常生活的行进当中。

政治的世界性和社会的周围性

这种世界概念的面向对政治概念和社会批判带来何种结果呢？世界概念与上文讨论的社会和政治之间的两极对立又是什么样的关系呢？

政治的世界性

"当行动改变世界时，它才是政治的。"（MG 70）阿伦特如此谴责了（在她 1970 年所发表的针对学生运动的《权力和暴力》一文中）当时在新左派（代表性人物是 Rudi Dutschke）中风靡的观念：只要行动者通过行动感受到了一种通向"新人"的内在发展过程，那么行动便已经是政治的。阿伦特断然拒绝这一观念，她认为这是"古老的乌托邦式的呓语"（MG 70）。这不是偶然的论战。阿伦特在其他地方也阐述了政治之于世界的构建关系：

"位于政治中心的始终是对世界的操心，而非对人的操心，也就是对如此这般创造出来的世界的操心，没有这个世界，那些操心的人和政治的人，便觉得生活不值得过。"（WiP 24）

"对世界的操心，而非对人"：这一选项乍看上去没那么明白易懂。凡是谈论到世界的时候，难道不总是也会谈到人和人在世界中的生活吗？如果把我们上文中已经讨论过的"生活"的质的形态方面（"生活，而不仅仅是幸存"）搁置一边，那么我们现在也可以将阿伦特所认为的"生活"和"世界"的对峙，理解为对外部化和物化必然性的指明：（政治的）行动必须赋予自己一个外部的形态，例如体现在制度的改变和塑造当中。这就是说，必须要有一个"世界性的实在"。世界作为"之间"的思想在此重新回到我们的视野：不是那种直接的、未经中介的彼此之间的关系（没有世界的彼此陷落），而是经由世界的彼此关联，对多元和自由的守护才是建构性的；政治行动不是指向"内在"，不是指向人的本性，而是指向作为外部的塑造空间的世界。政治的作用在于引出世界，世界的存在是实现政治的条件。

在政治的这种"世界性"中存在着两个方面。一方面是阿伦特对政治的此岸性和有限性的坚持：政治，当它被视为世界史或者自然史进程的执行者，抑或被理解为"藏在世界背后"的真理的实现时，那么它的内涵恰恰不再是政治。在摆脱了柏拉图主义的理解和历史哲学意义上的"政治的去政治化"之后：此时的政治便是关于"人与人之间上演的事务"，并且只关于此。

另一方面，政治与世界的关联标记了世界或者行动结果的自由和限制、可塑造性和制约性、可占有性和不可占有性之间的关系。"世界"是沟通所创造的行动空间，这个空间形成于人与人相互关联中，但不是一个毫无限制的可能性空间。因此世界构成了人的行动制约性和可能性，为行动的自由划定了界限。以世界概念为背景，阿伦特的政治概念的要义得以展现：当我们谈到行动作为"能够开端"时，其含义恰恰不在于世界作为塑造观念的对象是永无止境地被占有着。行动本身在众多方面是无法被占有的：它始终保持着与世界的事实性的关联，只要它外部化，那么便必须把出现在世界中的意料之外的行动结果考虑进去，它还必须考虑到这个世界上其他人以及其他人的行动。

社会的周围性

现在我们继续阐释世界概念相对于社会的批判功能。社会的特点在于缺乏"世界"，既是在确保自由的制度能够存在意义上来说的，也是在世界作为沟通空间的意义上来说的。只要社会是没有世界的和"沉默的"，只要它不依赖于个体的相互关联和与世界的关联而存在，那么它便是"病态的"。世界——作为人工产生的——不仅对立于纯粹的"生命"，也对立于自然进程的僭越品性，后者被阿伦特认为是属于社会的特征。世界——作为主体间的建构物——才使得多元性成为可能，而社会在阿伦特看来是均质的，因为它只能意味着相同者之间的差异。世界作为公共呈现空间出现在私人生活的内在性的对立面。世界不是在"自然需求"意义上我们所共享的东西，而是以"行动的和言谈的"方式被创造为共同关联点的事物。在阿伦特那里，它不仅有别于以亲属关系模式为导向的"自然共同体"的共同世界，也有别于"社会"这个社会关系体。共同世界指的是——出于再次指出它与共同体和社会之间的区别的目的——一种社会语境，在这种语境中，其成员既不像是在共同体中"原始地结合"在一起，也不像是在指向个人利益的社会的关系体中，处于"本质上相互分离的"①状态。阿伦特的世界概念因此是其社会批判的人类学地基。但是在什么情形下她的论述可以作为"批判"，确定这一点——比如在"多元性"问题上——是困难的。拥有"世界"，不是不可再深究的人类学基本事实，它描绘的不是"人的本质"。阿伦特认为，存在着没有世界的民族和没有世界的人。我们可以把她的观点解读为对"丧失世界"会造成"不自由"的后果的警示。在这个意义上，与世界的关联才能使我们共同追问"我们想要怎样生活"。阿伦特的人类学前提的不可靠性再度建立在生活和世界之间的尖锐对立之上。也正是在这个问题上，展现出她对社会所具有的"塑造世界的"能力的低估。②

---

① ［德］费迪南德·滕尼斯：《共同体与社会》，第34页，达姆施塔特，1991。

② 阿伦特对在她看来属于无文化和无世界的民族（未开化！）的巨大傲慢在此显而易见，在这些民族当中，她引入了自然和文化、世界与生命的分离。她对无世界性和那些无关系无世界的、饱食终日的族群进行了比较。在无世界性中，人被还原为单一视角；而"那些族群，欧洲人在发现新大陆的同时发现了他们，要么使其回归人类世界，要么灭绝他们，却根本没有意识到，他们在此之前就已经是人"（WiP 106）。阿伦特在这里的判断似乎仅仅基于她对约瑟夫·康拉德《黑暗之心》的阅读，这一点在《极权主义的起源》一书中便感觉得出。

阿伦特和海德格尔：
独白式的 vs 主体间的世界建构

一旦"在世存在"对阿伦特而言显而易见地意味着与他人共同处于这个世界上，那么在海德格尔关于世界的哲学观点中，她关注的便是重新占有政治领域的可能性，以及对沉思和独白式获取真理的哲学传统的克服。本哈比说："阿伦特认为，海德格尔在'在世存在'概念中对人和存在之间关系的基础性分析，虽然带给我们前所未有的思考政治领域的可能性，但他对在世存在的现象学阐释也体现出'哲学家对政治的那种古老偏见'。"①通过对海德格尔和阿伦特世界概念的比较现在可以明确，在前者那里是哪些内在原因导致他重新将政治遮蔽起来，为什么他不仅矮化"非本己的""常人"领域，而且还矮化"共同世界"，从而站在了阿伦特的反面，没能得出一个肯定的公共领域的概念。"向常人的陷落"在海德格尔那里最终彻底变成了向世界的陷落。他描述了世界的"透视性"，但对透视性的思考最终还是独白式的。世

① 本哈比是在《当代欧洲政治思想中对政治的关切》一文中引用阿伦特的。[美]本哈比：《马丁·海德格尔与汉娜·阿伦特的公共空间》，载《中路》，第 36 期，6/94。Concern with Politics in Recent European Political Thought（MS）. Benhabib, Der öffentliche Raum bei Martin Heidegger und Hannah Arendt，in：*Mittelweg* 36，6/94。

界在阿伦特那里相反——作为"间域"——是在主体间被建构的："它不是从此在的向来属我性，而是从一种原初的多元性中推论得来的。"①社会公共领域的顺从性，正是世界的多元性被"掩盖"的结果。

与阿伦特原初的多元性和世界产生于"间域"的观点不同，海德格尔的世界始终是公共的"共同世界"："对在世存在的解释说明，一个没有世界的单纯主体不'是'先行的，也永远不是给定的。因此最终被给定的也同样首先不是一个没有他人的孤立的我。"(SuZ 116)但是，他人的生存在此并不具有特别的意义：他人始终是"自身的他人"②。图尼森在他的《他者》一书中得出结论称，海德格尔的观点没有切中"人与人之间相互照面的特殊意义"，他人是世界的一部分，对海德格尔来说这首先意味着，世界也为了他人而存在。我们周围世界的物（"器物"）(Zeug)不仅——就像之前我们所论述的——指向它的使用和其他物，也指向其他人。海德格尔把这一指向称为与他人的"周围世界的照面"。被制造的世界中的物，是由某人制造的，为了某人所设定的，可能由所有人共同使用。就此而言，我与他人的照面是始终"脱

① ［德］杰弗里·安德鲁·巴拉什：《作为政治问题的公共世界的阐释——汉娜·阿伦特的海德格尔诠释》，载［德］迪特里希·帕喷福斯、奥托·波哥勒编著：《马丁·海德格尔的哲学现实性》，第 221 页，美茵河畔法兰克福，1990。

② ［德］米歇尔·图尼森：《他者》，第 170 页，柏林/纽约，1977。

离于世界"(aus der Welt heraus)的。① 如果将世界理解为主体对世界的解抛的话，那么这种脱离于世界的与他人的照面便是一种统治关系。图尼森认为，他人将会在"我的世界解抛中被捕获……他是我的解抛的被解抛者，从这一角度出发与应手之物没有什么分别"②。如此一来他的原初的他者性、他的"异己性和对抗性"(Befremdlichkeit und Widersetzlichkeit)被掠夺了。

虽然阿伦特也尝试以世界作为中介来思考主体间性，但世界本身被她视为主体间的被建构物。以世界为中介在这里不会变成"世界的统治"。相反，正由于与世界的关联，我们才能思考他人的"异己性和对抗性"(图尼森)，这种"异己性和对抗性"却确保了人与人之间不会"相互陷落"。"世界"作为"之间"应该在保持着不同的——多元的——人们之间发挥着中介的作用。而在海德格尔那里，独一无二的此在的"本真性"无法通过共同世界这一领域得到中介，他只能回到独白式撰写而成的自身并从中出发去思考世界，而这一点——在他成为纳粹一员的时期——或许被他连贯地扩展为对"民族"的思考。

---

① 即使我独自一人待在图书馆中，我对他人的关联也依然存在：图书馆就是由他人建的，所保存的图书由他人所写，其他读者坐在我的前后。

② [德]米歇尔·图尼森：《他者》，第 168 页，柏林/纽约，1977。

第四章　个　人

　　"世界"在一众人群中建构自身——同时这也是人与人能够相互区别的条件。根据阿伦特的观点，共同世界的存在保证了多元性的实现。这个多元性是行动者的、与世界发生关联的人的多元性。"世界"为"个人"所共有，而不是存在于人的"内心深处"，也不属于"需求生命体"，阿伦特将社会描述为需求生命体的关系体。反过来这意味着：一个人必须向世界屈服，他是与世界调和的，而且只能从世界出发来把握个人。"世界的陷落"——在此前所强调的维度上——因此也始终构成了对人的自我实现的阻碍。世界的异化——阿伦特（此外）也把公共世界回缩到内在的私人领域把握为异化——从而封锁了在她看来人的生存所具有的建构形式。我们可以将阿伦特的"个人"概念（平行于现代社会的批判）理解为对现代主体自我理解的批判。所以接下来应该——同时着眼于无世界性和世界异化的问题——提出她的个人概念，并将其与她对现代个体性的批判对立起来。

个人："彼为何人"

　　阿伦特的"个人"如同一个英雄一样：一旦他以行动的方式进入这个世界并在那里实现了只有他才能制造的东西，那么他就是独一无二的。个人并不仅仅迎合社会模式，他不是纯粹为了满足给定的角色预期的"角色人格"。他是一个自主的个体：在这个方面他是"绝对现代的"。但另一方面，他的独特性又不建立在一种"内部"可以寻见的、在某种意义上被设定为开端的本真性。

　　个体的个体性既没有被设想为对自身的回溯，也没有被设想成内在价值的自我展现，它是行动的主体的个体性。个人的独特性只有在将自身外部化时，才把自己制造出来。个人的个体化是在他的行动中或者通过他的行动完成的。阿伦特在这一点上谈到了"个人在行动和言谈中的揭示"（VA 164）。但这一揭示不能被理解为对某些业已存在之物的"去蔽"，而是应理解为对那些只有通过揭示才能产生之物的创造。所以阿伦特把以这种方式自我展现出来的"彼为何人"（Wer-einer-ist）（VA 167），对立于使用诸如"特征、天赋和才能"来描述本质的"彼为何物"（Was-einer-ist）。

　　"人们以行动和言谈的方式各自彰显出他们是谁，主动表现出他们本质的个人独特性，仿佛走上了世界

舞台。"（VA 169）

　　这意味着"存在相对本质的优先"，阿伦特凭此成为
同一性的本质主义观念的最早的批判者："什么"以特定
的特征来确定某人，"谁"描绘的则是生活史，它是由事
件和决策、行动和行动结果构成的独特情态。在行动中
某人"启发着思考他是谁"（VA 169）。如果各种特征让比
较得以可能，那么个人的历史则是独一无二的。个人可
以借助于他的行动把自己呈现为"独特的"。个人的独特
性因此建立在去"行动"的能力之上，这种能力被阿伦特
称为"全新开端"的能力：行动和开启新事物归根结底是
同一件事。个人在他所创造的开端的基础之上才是独特
的。"行动作为全新开端相应于某个个人的诞生。"（VA
167）但全新开端始终是一个产生事实性的设定。"彼为
何人"描述的是主体事实性的、已经对外发挥作用的行
动的总和，也就是变成现实的可能性。这个"到底是谁
的个人"（das eigentlich personale Wer）（VA 169）不仅形
成于能力和潜力的发展中，也形成于这些能力和潜力发
挥作用的特定方式中。

　　为了能够在阿伦特的意义上实现成为"个人"，个体
必须具备行动和动议的可能性。但成为个人，同时意味
着——这一点或许可以成为个人的"悲剧"因素——个人
历史和行动中无法预计的后果也必须由他来承担。

　　作为个人，我是那个不仅按照意向或者潜力，而且
按照行动和效果来获得评价的人，对行动及其效果我负

有责任。譬如，"道歉"——"这并非我本愿"——不是一种简单地撤回或者挽回的表达或者行动，而只在于使得社交融洽，这种经验无疑属于塑造性的社会化经验。同样的性质也适用于那种我们无法总是纠正错误的决策的经验。当某人认为，他应该能够在任意时间点把所有过往推翻的话——譬如在一段感情关系中，我们无法"简单重新开始"——便显得幼稚了。

倘若个人首先以自我赋权的、自主的或者甚至自我塑造的主体的化身形象出现，那么诸多不同时刻都会打破这一印象。个人行动着，但并不占有自身。它并不拥有独立的主权。①

---

① 个人自身不是其同一性的缔造者，但也并不是没有缔造者。虽然邦尼·霍尼格（Bonnie Honig）指出，"阿伦特的行动者永远不是自身的主权者"，但并不意味着，行动者可以被理解为一个"多重自身"。即使行动结果无法预料，但对行动的责任依然存在。阿伦特没有放弃同一性的概念，但以另外的方式对其做了描述：不是一个本真的自身的内核，但也不是"面具的面具"，而是历史的可叙述性。霍尼格在个体通过述行性行为进行自我创造中，发现了同一性范畴作为一个紧固的、可规定的和可预计的参数的消解："先于行动或者抛除行动，这个自身没有同一性……阿伦特的行动者不去行动，是因为那个他们已经所是的人，其行动不表达一种优先的、稳定的同一性；他们预先假设一种不稳定的多重自身，这个多重自身在行动中和作为奖励的同一性中，寻找属于自己的、充其量插曲一般的自我实现。"参见［美］邦尼·霍尼格：《走向不可知论的女性主义——汉娜·阿伦特与身份政治》，载［美］朱迪·巴特勒、琼·斯科特编著：《女性主义者对政治的理论化》，第220页，纽约/伦敦。Bonnie Honig，（转下页注）

个体的同一性把自己作为历史生产出来，但在此过程中始终是脆弱的："当我们听到历史，而历史中的英雄就是那个人自身时，我们也就是在听一部关于他的自传，此时这个人是谁或者曾经是谁，取决于我们的感知。"这种叙事性的个人同一性的产生是回溯式的："只有当生命消逝，除了历史之外其他什么也没有留下之时，个人的本质……才能彻底产生并且开始持存下去。"（VA 186）原因正在于，在阿伦特看来行动的结果不是完全可以预测的。

（接上页注）Toward an Agonistic Feminism: Hannah Arendt and the Politics of Identity，in: J. Butler/J. Scott, *Feminists Theorize The Political*, New York/London，S. 220。霍尼格借助阿伦特在论证中表达了对"同一性政治"的反对，和——导向朱迪·巴特勒——对"抵抗性政治"的支持。尽管对阿伦特的这种处理，在挖掘其思想创造力方面，无疑是最具原创性的尝试之一，但在我看来是无法让人信服的。撇开它与阿伦特的意图——否定人的生存的决定方面是一种完全的自我创造和自我赋权——毫不相容不谈，这里的"述行性行为"也几乎不具有介入世界的意义。对阿伦特来说始终关键的是，在世界中行动着的个体留下了持存的痕迹，这些痕迹再度创造了同一性。当个体的同一性产生于回溯的叙事时，虽然它意味着，个体不再规划性地占有这种同一性，但通过与世界的关联也制造出一种同一性。即使个体因此始终臣服于它行动及其效果的自我赋权，但它也能叙述或者让他人叙述它的历史。"插曲般自我实现"的"多重自身"只能以点状的形式在行动中存在。相反，阿伦特所说的"谁"，是以自传体的形式被设定的。非任意性不等同于不可预计性。与霍尼格相反的观点则是，阿伦特关于同一性的描述有趣之处恰恰在于，在自我赋权和非任意性之间要忍受一种张力。

"行动最为原初的产品不是预定目标的实现,而是它最初根本未能意料的历史,当遵循着特定的目标,直到这些目标或许对行动者来说像行动的副产品展现出自身,历史便出现了。"(VA 174)

这个"是谁之人"因此不仅不是我的本质特征的总和,也不是对我的意向和意图总和的描述。阿伦特的个人的同一性不是自我赋权的同一性——这种同一性被加诸市民教育小说中的主体身上。历史作为行动和全新开端的结果因此不是从历史哲学的意义上来加以把握的,它是不可预见的。

同一性的非任意性还体现在另外一个方面:个体自身并非构成其同一性的叙事的作者。

"不同于'是什么之人'……那个每个人都拥有的本己的个人的'谁',摆脱了我们的控制,因为它伴随着我们一切的言谈和行动非任意地彰显着。"(VA 169)

因此阿伦特将个人与古希腊神话中的神灵"戴蒙"作比较,"那个保护神,它终其一生陪伴着每一个人,但永远只是从背后望着人,从而它只能被人所遇到的一切发现,而无法被人本身发现。"在这个意义上,个人对自身是陌生的。"个人的东西,摆脱了主体的占有暴力,因此正好是单纯主观的对立面。"(MifZ 91)这也意味着,个人只能以公共的方式产生。

公共领域和"角色人格"

"人身上个人的东西""只能在存在公共空间的地方呈现出来。"（MifZ 91）个人有赖于公共领域：他在公共领域的呈现空间中以行动和言谈的方式运动着。他作为公共的个人才是独一无二的，因为他在这里"积极地区分"着自身。只有在"外部"，在"世界舞台"上，在公共领域和在他人面前，我才把自身建构为个人。阿伦特将其称为"自我揭示"。个人从匿名性中出走，将自身外部化，在私人范围外暴露自己。个人介入世界便是进入了"非私人"（VA 179）领域。在这种公共空间中，与他人之间的关系是"竞争性的"（agonal）。以古希腊为样板，在这个空间中个人要始终脱颖而出，优越于他人。尽管如此，这种竞争的目的不是消灭他人或者污蔑他人，而是肯定他人：我必须说服他人一起发起行动。

公共空间对于个人同一性的形成具有建构作用，这一思想不仅属于阿伦特，也见于赫尔穆特·普莱斯纳。普莱斯纳为该思想提供了人类学的论证。与阿伦特的"神灵"（Daimon）相似，普莱斯纳认为，"每个人都不拥有其自身"。从"偏离中心的位置"出发，人可以通过获得视角把自己"客体化"，从而才能得以"主体化"，并最终成为个体。普莱斯纳将人的世界关系描述为"经过中介的直接性"。公共领域就此而言是一个我们能够借以察觉自身的媒介。"共同世界是被人把握为属于他人领域但却关于自身位置的形式。"①"如果要问，那个位于经由社会中介而成的具身化此岸的人是谁或者是什么的话，那么严格来讲，答案是：没有人。只有在与他人的接触和交流中，这个人才拥有了同一性，并具身化为个人，对自己以及他人而言才会成为'某人'"②，公共领域才造就了个人同一性形成所需的活动空间。③

自我塑造和自我实现

通过把个人标记为"彼为何人"，阿伦特不仅反对针对个体本真性的"本质主义的"规定："内在"只有通过外部化或者"创造"，通过行动、言谈和在与他人共享的世界中与他人相遇，才能成为现实的，也只有如此个体的"独特性"方能形成。"个人"与公共领域的绑定和在世界中的"出场"，说明个人同一性和个体性不是产生自"自身"独白式的"内部空间"，而是有赖于与他人的争论和他人的映照。这一观点也是阿伦特批判与市民社会同时形成的现代主体性的出发点。

---

① ［德］赫尔穆特·普莱斯纳：《有机体的阶段和人》，著作集第 4 卷，第 302 页，美茵河畔法兰克福，1981。Helmuth Plessner，Die *Stufen des Organischen und der Mensch*，*Werke Bd*. 4，Frankfurt a. M.，1981，S. 302。

② 同上书，第 175 页。

③ ［德］赫尔穆特·普莱斯纳：《共同体的边界》，著作集第 5 卷，美茵河畔法兰克福，1981。Helmuth Plessner，*Grenzen der Gemeinschaft*，*Werke Bd*. 5，Frankfurt a. M.，1981。

阿伦特的思想可以与那种将"自我塑造"和"自我实现"对立起来的立场联系起来，而同时她并没有从一种对现代本真性主体的批判迈向"主体已死"（后现代的）的宣告。同一性的建构是事实性的和公共的，也就是说，只能通过外部化才能实现，但同时同一性也有着可归责性和可负责性的形式。

　　我们可以借助关于人际和社会接触的不同观点，来解释个人同一性有赖于公共"塑造"和呈现的思想与自身的本真性观念之间的对立。通常我们在使用中会区分"真实的"和"虚假的"关系。对这种区分情形的分析如下：在第一种情况下，我向他人展现我真正是谁，在第二种情况下我扮演着一个角色。但当我们尝试描述，当我结识某个人时到底发生了什么，那么这组区分便有问题了。我当然可以或多或少有意地去欺骗某个人，社会期待和社会等级当然也可以以某种方式将某人置于有利境地，以便能呈现其"最好的自身"，并尽量掩盖其他不那么受期待的特征（就此而言这组区分是有意义的）。但是当我们结识时，到底发生了什么呢？我们聊起共同的话题和兴趣，就涉及的事物达成一致，讲述过去的故事，一起"从事"某事。这些也具有呈现的面向，并且所追求的结识方式总是塑造着我们呈现自己的方式，影响着我们将自己暴露在哪种"灯光"下。我们不仅和不同的人谈不同的事，还以特定的方式与他们交谈，对话题有着特定的切入方式和特定的沟通形式。这些都在参与者

"之间"发生着。因此，一个人可以坐得很近，但在社会情景下又显得"陌生"；不是因为他扮演了一个角色，或者他欺骗了其他人（不排除这种可能），而是因为他个性中的其他方面产生了作用或者说得到了发展。这样一来，"本质"和公共呈现中非本质的、外部的、偶然的（角色性的）事物之间的区分便没有什么意义了。此处也说明，（阿伦特意义上的）社会关系不仅——或多或少公开地——表现着我们是谁，还塑造着我们是谁。这是之所以我们感觉新的关系是自我丰富的原因之一：这并非只是说新结识者"带入"了新的话题、观念或者知识，也并非是自身心灵的全部方面都获许得到彰显，而是说自己能够焕然一新。正如阿伦特（与海德格尔相反）所表达的那样："之间"是"既不是你也不是我"的东西，而是拥有一种特质和自我动力的东西。自身在外部化中塑造自己。相反，寻找本己的、真正的自身的过程，呈现出——完全不同于寻找的意图——一种本己的、物化了的与"自身"以及与自身自我建构所需关系的关联：内在的核心（那个宝藏）可能会被遮蔽，也可能会被揭示。因此，如果我们把引导我们"真正"认识某人的过程，理解为对"本真性"内在的闯入的话，那么我们可以将这个过程描述为错误的（和幼稚的）。相反这个过程是这样的：不同的方面、表达、呈现（其中也包括有关背景和生活史的知识）以及与某人共同创造的诸多经历和经验，被整合进了一个逐渐完整的（但永远不会完全透明）图像当中。理解某人有多么"真实"，并不意味着剥离了那层遮蔽，而是意味着将他的表达和行为方式定位在具体的语境之中，并能够从中出发加以理解。这里没有"主体已死"（也不存在认为他人原则上是不透明的观点），而是对某种关于同一性和主体——带来物化的和本质化的——描述的批判。

逃向自身：市民阶层的内在性

阿伦特站在了现代主体性形成的对立面，并以怀疑的姿态同时站在了整个"市民社会"的对立面。现代主体性被查尔斯·泰勒描述为"现代文化所带来的深刻的主观转变的一部分，这个转变造成了一种内在性的新形式，在这种新的内在性中，我们突然将自身感受为具有内在深度的生命体"①。

现代主体因此在私人领域建构自身。现代内在性对阿伦特来说是公共领域和私人领域发生挪动或者说社会界限发生逾越的结果。社会——作为"中间王国"——不仅威胁着公共领域，还威胁着真正的私人领域，它"闯入了私人领域的空间界限"（VA 66）。私人的变成了公共的。"在这一视角下，对私密性的现代发现，如同一场

---

① ［加］查尔斯·泰勒：《多元文化主义与承认政治》，第35页，美茵河畔法兰克福，1993。Charles Taylor, *Multikulturalismus und die Politik der Anerkennung*, Frankfurt a. M., 1993，S. 35。有关现代个体性的发展可以参见他的《本真性的来源》，美茵河畔法兰克福，1994。*Quellen des Selbst*, Frankfurt a. M., 1994。

对已经占领全部外部世界的社会的逃离，逃向了内在的主体性，如今就在主体性中我们便可以将过去理所当然保存在属于自己的安全地界以防共同世界窥伺的东西藏匿起来。"（VA 66）

私人主体私密领域的形成和拔高被阿伦特以质疑的态度描述为"逃向自身"。这对应着现实感的缺失，而现实感是被她与共同的"世界性"现实绑定在一起的。阿伦特将"内在性"描绘成世界客观性和实在性的丧失。

"他人看见的是我们所看见的，听到的是我们所听到的，他人的当下确保了我们的实在性和我们自身；就算私人的内在生活充分发展的私密性——对此我们必须要感谢近代的兴起和公共领域的衰落——以及主观感觉和私人感受的音阶都升至最高、扩至最宽，这一强化过程的产生，也必然是以牺牲对世界现实性和在其中呈现的人的信任为代价的。"（VA 50）

伴随着这一切的是共同感和"健全的人类理智"的消失，从而瓦解了"共同世界"：

"健全的人类理智的显著萎缩，迷信和轻信的显著增加，表明人群中的世界共同性的式微和现实感的紊乱，而现实感是我们在世界中的坐标，最终的结果因此是人们异化于世界，并开始退回到他们的主体性中。"（VA 203）

现代主体性的分化在阿伦特看来从一开始便要对公共领域丧失这一带有缺陷的结果负责。再一次，她没有从脱离传统束缚和现代个体化带来的自由方面，去考察市民社会。"内在空间"的发展，及其附带产生的对私人生活和微小的个人幸福——泰勒称其为对"日常生活的肯定"——的重估，对她来说仅仅只是对政治自由这种"公共幸福"的逃离和替代（这主要意味着行动空间的丧失，而不是像乔治·凯特布（G. Kateb）所设想的那样是"家园"的丧失）。以如此方式形成的主观性，被阿伦特理解为呈现在公共领域的"个人"向私人生活私密性的降级，这种私密性的标志便是，"人失去了与邻人的坚实关系，而社会赢得了对个体的真正统治"（TotH 244）。这是一个"没有行动的世界"（TotH 245）。

现代主体性的"纯粹自身"因此在多个方面承受着"无世界性"和"世界异化"的痛苦：它是没有世界的，意思是说它是"不现实的"，因为它以独白的方式把握自身，没有切中"共同感造就的个体化"这一维度；它是没有世界的，也因为它无法在与社会语境的关联中理解自身；它把自己的个体性理解为有待发端的内在本质，因此它是没有世界的最终含义是向自然和自然性的还原。我们可以把阿伦特对"本真性"观念的批判，把握为对一种"内在来源"的批判。她所反驳的是："从内在来说我们都是一样的。"

在对"内在性"的这种批判中，阿伦特又展现了她对待社会问题时表现出的模棱两可（参见第二章）。这里我们同样不清楚，她是仅仅批判"内在地"建构自己的"自然—本质主义"的主体性这种误导性观念，还是除此之外也将私密性和主体性领域等同于或者矮化为"自然"和"束缚肉身的贫困"。

"内在自身"的顺从性观点中因而包含着一个有关主体如何"内在"被创造的显然被简化了的观点。这里显示出，阿伦特的论证既缺乏关于主体性的心理学概念，也缺乏一种在拒绝心理学作为行为科学的情况下也能证成的心理活动理论。阿伦特自己囿限于这样一种观点，即"内心深处"存在着一种实体，它是相同的、同一的、自然的（现在我们可以甚至从精神分析或者动力理论的角度来论证，我们"内在"真正是"全部相同的"——并且也是相当无聊的。正是这条从精神分析出发的道路才能将现代精神生活从相同引向差异，而在阿伦特那里，在其宣称的"巨大张力"和还原为一成不变的内在之间缺少论证的连接）。"内在"在她看来无疑是独自一人的状态（但这也已经与她自己关于思想是"同自身言谈"的观点相抵牾）。因此她选择的有关"内在生活"的例证是"身体剧烈疼痛的经验，其疼痛的强度会抹去所有其他感觉"——这个例子对她来说是"我们所知道的最为强烈的感受"。但这里的"主体性"以一种激进的方式处于孤独的状态："就好像在（疼痛的）激进主体性——在这种主体性中我是无法辨识的——与世界和生活的外部现存之间没有桥梁的连接。"（VA 30）由于阿伦特倾向于借助身体感受的例子来理解心理感受，所以她得出了这样的结论：所有感受以及"内在生活"、整个"主体性"因此都是没有世界的、沉默的和束缚于肉身的。在主体层面上她再次将"社会"描绘成一个自然依赖的领域。与"良好生活"和"幸存"之间的二元对立相仿，此处在本真的、行动的个体和非本真的、私人的自身之间也形成了一种二元对立。阿伦特没有切中或者说绕过了关于个体的社会化特征的问题，这种社会化在个体在世界舞台上"出场"之前便存在了。所以，主体借以建构自身的（创造性的）行为，不是——不仅仅在规范意义上——"凭空而来"的（阿伦特也忽视了，独特的意识和个体决策的能力与个体的自我反思和自身动机紧密相关）。

　　内在生活的还原归根结底是与阿伦特自身有关个人在行动和与世界的关联中进行个体化的观点相悖的。后者对个人的存在来说本应更具根本性，也就是说，在个体的社会化历史中便已经开始了。因此，对内在生活的非现实性的指责，我们可以这样反驳：即便谈及"内在"，也不是独自一人。"个人"通过在与他人共享的世界中行动来建构自身的观念，因此可以通向"共同感造就的个体化"这一思想。就此而言阿伦特与哈贝马斯、米德、黑格尔、费希特和雅克比站在了同一立场上，即"位居自我中心的——正如它所呈现的那样——意识不

是未经中介的和全然内在的"①，个体性自身是在主体间
被建构的。但阿伦特对这个观点的思考没有一以贯之，
反而最终在以主体间的和社会的方式建构自身的个人之
外，分离出一个保持自然性的、私人私密的主体。如此
一来她关于个人同一性的形成有赖于"竞争"的概念，变
成了"原子主义的"。虽然个体在行动中必然与他人发生
关系②，并且只有如此才能获得赋予其独特性的个人同
一性，但它却是以一种完成建构的主体的面目，进入公
共领域当中的。社会关系在此处没有被确立为真正根本
性的。

阿伦特对卢梭的批判

在卢梭身上我们可以阐明这种双重运动，即私人的
内在化和地位的提升造成了从公共领域中的抽离，同时
伴随着公共领域自身的转型，这一转型被描述为"公共
领域的私密化"。揭示个体自身的媒介与行动被同样要

---

① ［德］于尔根·哈贝马斯：《社会化带来的个体化》，载
《后形而上学文本》，第 206 页，美茵河畔法兰克福，1992。
J. Habermas, Individuierung durch Vergesellschaftung, in: *Nach-metaphysische Schriften*, Frankfurt a. M., 1992, S. 206。
② 但关于"共同行动"，阿伦特并没有对彼此互动是如何产
生的这个问题做出真正的描述。她的行动概念虽然是截然相反的
命题，但仍然没有完全摆脱独白式，她始终没有阐明对个体行动
和言谈的"回应"这一维度。这或许说明，阿伦特与海德格尔"本
真的"个体性观念并未相去甚远：本真个体之间的共同性的张力
一直存在。

求公共领域的私人自身所取代。私密领域的揭示代替了行动者的自我揭示，主体取代了个人。这种转变清晰地反映在卢梭本人及其作品上，阿伦特也不是唯一一个认为卢梭是那个代表着现代主体性发展范式的人物。在她看来，当卢梭承认公共领域具有主观的现身情态（Befindlichkeit）时，他揭示的不是个人，而是主体。卢梭是私密关系的"发现者"，他从事的是"心灵的造反"，鼓动着本真的和自然的"透明"，以对抗假象的和伪装的社会，并借此抗议"社会及其标准向最内在领域的入侵，而这块领域直到那时显然仍不需要任何特殊的保护"（VA 39）。对阿伦特来说关键则是表明，这里宣称要对抗社会的私密性和个体性本身便是社会的产物或成果。就此而言，虽然她同意卢梭批判社会沦为了顺从主义的场所，但在其以本真的和内在的个体性之名的抗议中，她也看到了牺牲"行动的个体性"的最终代价。卢梭的自我揭示是对公共与私人分裂的超越：他作为一个私人、作为一个被刻画为"纯粹的人"，需要公共领域。如果我们如此去理解阿伦特，认为她的目的是为了保护私密领域免遭公共领域的影响的话，那么就会发现在她的表述中有着对于这种主体性明白无误的反感：

"在这种心灵对自社会存在的反抗中，现代个体带着不断变换的情绪和心境，在感官生活的激进主体性中降生了，并且陷入无休止的内在冲突状况，这些冲突来自对以下情况的双重无能为力：一方面在社会中感觉像

在家中那样，另一方面又在社会之外生活。"(VA 39)

对阿伦特来说关键在于，卢梭虽然也指出了顺从性压力和社会的"假象性"，但他似乎根本上拒绝主体间和公共关系领域的存在。"双重无能为力"总的来说是对设想一种成功的社会关系和"共同行动"的无能为力——也就是一种反社会的情感。在阿伦特的视线中，这里的个体在错误的选项之间摇摆不定：社会的自然和自然。①但从她对卢梭的态度中我们也可以发现，她忽视了对政治变得愈发重要的主体化动力。也就是说她没有看到，内在空间本身也已经"政治化"了，成为市民解放追求的源泉。②那种要以原子主义去设想本真性的论断，已经被卢梭本人含蓄地反驳了，因为他也需要公共领域去建构其主体性概念。具有公开地自白性质的《忏悔录》一

---

① 有趣的是，阿伦特不仅拒绝了"自然的"卢梭形象，也拒绝了"共和主义的"卢梭形象。第一种情况是因为她受到了相互孤立的个体原子主义的本真性观念的困扰，第二种情况则是因为受到由均质性的人民所凝聚而成的"公意"的困扰（由此也可以看出，古代城邦模式何其多的追随者带来了何其不同的阐释）。

② 卡尔·施密特——同样包括科塞莱克——认为，这种私人自由正是漏洞，也是造成霍布斯利维坦意义上（绝对主义）国家灭亡的入侵性因素。现代市民世界、启蒙——科塞莱克对它们的兴起做了追溯——是在私人的壁龛中进行自我建构的，目的是最终从中走出并发挥政治性效力。与霍布斯恰恰出于阻止市民战争的目的而保留私人和良心的意图相反，在施密特和科塞莱克看来，私人和良心正是法国大革命所开启的"世界市民战争之链"的源泉。

书，恰恰——哈贝马斯和瑶斯（Jauss）①都指出了这一点——体现出，即使是私密的同一性也需要别人的确证和与外部世界的关联。卢梭——就像阿伦特所抱怨的那样，对于他"我们很遗憾太过熟知"——正是那个内在生活必须而且能够将自身"客观化"的例子，同样对于某些试图将实在性赋予阿伦特所说的"内在世界的非实在性"的人来说，卢梭同样也是一个参照。我们或许会拒绝那种自白的内心压力和倾诉文体——二者相辅相成（私人生活的私密化和政治化痕迹，一直延续到 20 世纪七八十年代女性主义畅销书比如《没什么可以羞耻的》或者《蜕皮》），但是我们没法掩耳盗铃：面具即使被揭开之后，背后躲藏着的依然不是"真正的内核"②。

如果我们将"市民公共领域"及其对"主体性的发现"

---

① ［德］于尔根·哈贝马斯：《社会化带来的个体化》，载《后形而上学文本》，第 205 页，美茵河畔法兰克福，1992。

② 阿伦特的观点使我们想到了普莱斯纳对公共领域消失的批判（也可以让我们联想到塞奈特（Senett）所说的"公共领域的私密化"）。但这里是否存在一种超出论战效果的系统性的关联点，在我看来是存疑的。20 世纪 20 年代出现的"社会激进主义"倾向在普莱斯纳看来或许是带有威胁性的，对"创造距离的形式"的坚持或许也是对 70 年代和 80 年代初"倾诉文化"中本真性理想的成功抵制，但私密化造成的公共领域的瓦解顶多只是沟通形式的衰落，这种沟通形式以一种旧有方式迅速重组。公共领域的衰落的真正问题在我看来没有得到切中（相反，本真性文化首先创造了一种政治公共性，而新发现的沟通方式最多只是引导我们重新发现了"沙龙"这种文化）。阿伦特关于公共领域的衰落是一种政治行动的丧失的描述，就此而言在我看来更有意义。

视为一种潜在的政治现象，那么这里也提出了类似于第二章中的问题：某一主题有资格进入"政治性"领域的话要具备哪些特征？在阿伦特对卢梭的批判中，她的标准相对清晰可见。当卢梭作为一个"私人的"人要求公共领域时，他的意图不在于被别人首先承认为一位以行动展示自身的行动者，而在于直接承认为他为人所是的那个样子，这在阿伦特的意义上意味着公共领域的扭曲。卢梭说道："我要把一个人本性中的全部真实面貌展示在像我这样的人面前，这个人将会是我。"卢梭的同一性把自己想象成没有社会语境的本真的"纯粹自我"。他在开篇便直抒胸臆："我与我过去见过的任何人都不同，我敢于相信，我也不同于任何现在还活着的人"①，他只能是一个被社会所误解的人。

"遭受攻击的同一性"：
社会同一性和本真自身

阿伦特对"内在生活"的反感可以顺理成章地被视为对一种被归为单纯无语境的"内在自身"的命题的批判。从这一意义上说，在她（在人生中的某一特定时期）的阐释中，拉埃尔·瓦恩哈根的追求否认自己的犹太人身份，目的是为了实现真正的、内在的自身。瓦恩哈根正

---

① ［法］让·雅克·卢梭：《忏悔录》，美茵河畔法兰克福，1985。J. J. Rousseau, *Bekenntnisse*, Frankfurt a. M., 1985。

是"从世界逃向那个希望能够保持与外部世界的自主独立性的自身"的例子，这种逃离被阿伦特视为"对现实的荒诞和危险的逃避"。对逃离的谈论也出现在她关于莱辛的文章中，她"多年以来一直认为'你是个犹太人'构成了'你是谁'这个问题的唯一恰当的答案"（MifZ 33）。背后的思考则是，"我们总是只能以被攻击的身份来进行自卫"（MifZ 34），因而自己迫不得已在政治中接纳对敌对环境的确认或者对这种环境做出反应。阿伦特在此想说的是，我把自己"感受"为谁是无所谓的——我必须以身处一个特定语境中和特定历史中的人的面貌去行动，即使是"他人"强迫我接受这么一种自我形象。如此一来，对"内在自身"观念的批判，针对的是一种对政治而言灾难性的尝试，那便是宣布脱离社会语境和与政治实在的对峙。阿伦特阐明了（集体和个人的）同一性的建构性论点，这一论点如今重新流行起来。她在这方面的直觉是，我们在政治领域无法以内在主体的面貌去行动，因为他人的归类和归属（Zuordnungen und Zuschreibungen）在这里起到了重要的作用。作为与其他行动主体相对着的行动主体，我们只能完全以这种归属为坐标。"自身"的本质包含着对这种归属的反思和与其周旋。这是对纯粹人类普遍主义的批判；同时也意味着：（特殊的）同一性的总是"人为的"，社会地建构而成的，"特殊性"不等同于对类自然的周围世界的绑定。

自身和世界的病理学：
无世界性和无自身性

在《黑暗时代的人们》这本文集当中，阿伦特所描述的几乎无一例外是那些以某种方式、出于各种原因生活在"社会之外"的人，或者说那些失去了共同世界作为他们行动着眼点的人。现代人与世界之间发生或成功或紊乱关联的动机，才是这里的主题。"无世界性"不是个体通向"逃离世界"的决定，而是由世界状态中产生的事实。尽管阿伦特在诸多方面对作为局外人的"贱民"表示了同情，甚至将他们的"无世界性"阐释为"博爱的人性"的条件，但她——尽管"那种气氛颇具魅力和浓度"——仍坚持自己的警告："无世界性很遗憾始终是一种野蛮。"（MifZ 28f）

阿伦特一再描述了"世界的瓦解"的经验。也正出于这一动机，阿伦特的全部政治理论体现出与"极权主义统治"经验之间的关系。在《极权主义的起源》中，她把"阶级社会的衰落"和"现代大众社会的兴起"（TotH 14）描述为社会结构的彻底解体，从而构成了极权主义的前奏。① 现代

---

① 鉴于阿伦特并非试图建构关于极权主义的一种诸如强制目的论的前历史，她自身谈到了"因素"及其"凝结"。对她的方法的论述，也可以参见［美］塞拉·本哈比：《汉娜·阿伦特与叙述的拯救力量》，载［德］丹·迪纳编著：《奥斯维辛后的思考》，美茵河畔法兰克福，1988。

"大众"被阿伦特定义为"共同世界在他们之间跌落成碎片的个体"（TotH 515），并从中出发提出了一个高度有趣的论点：现代大众的"无世界性"与大众化了的个体的"激进的自我丧失"（TotH 512）现象有关。共同世界的丧失、社会语境的平面化因此不单单导致了从今往后自我利益得以无所顾忌地贯彻，或者造成了通往自私的"肘部社会"的原子化①，而是与"共同世界"的关联反而构成了能够拥有完全属于自身利益的前提条件。

"随着共同世界的丧失，大众化了的个体也失去了所有害怕和操心的来源，害怕和操心不仅关切着、而且也引导和带领着世界中的人的生活。这些个体事实上不是'物质主义的'，也不再对物质主义的观点有反应，因为在这种情况下哪怕物质优越性也多半丧失了意义。"（TotH 511）

阿伦特将此描述为"激进的自身丧失现象"：

"这种玩世不恭和空虚无聊的冷漠，是大众与他们的死亡或者其他亲历灾难照面时的态度，而且当他们悖离日常和健全理智，并且对健全理智比对任何其他东西都嗤之以鼻时，他们便对最为抽象的观念产生令人惊讶

---

① "肘部社会"是德国 1982 年的年度热词，比喻一个以自私自利为突出特征而无视他人的社会秩序。之所以使用"肘部"作为前缀，是因为德语中有"使用肘子开路"（die Ellenbogen gebrauchen）这种习语表达，其含义大约是：使用各种手段毫无顾忌地贯彻自己的意志。——译者注

的偏好，疯狂偏爱按照毫无意义的概念去塑造生活。"（TotH 512）

极权主义运动在她看来便是对这种现象的回答：它是丧失自我的大众的组织形式。阿伦特认为，极权状态的标志便是"健全理智及其判断力的猛烈衰退"和"最基本的自我保存欲望的失效"（TotH 535）。这种无世界性和无自身性被阿伦特称为"遗弃"——极权统治的基本经验。极权主义的人民团体因此不是向前现代集体构成的倒退，而是"原子化的大众"的现代组织形式。

在人物群像集《黑暗时代的人们》中，阿伦特沿着无世界性的主题，对"失落的一代"、第一次世界大战战场上的归来者，譬如《走出非洲》的作者凯伦·布里克森（Karen Blixen）的爱人丹尼斯·芬奇·海顿（Denys Finch Hatton）做出了描绘。"第一次世界大战使得他们无法再忍受日常生活的种种传统并且履行日常义务，同时也使得他们无力去追寻自己的事业，并在那个让人无聊到发狂的社会中扮演自己的角色。有些变成了革命者，生活在未来的期许国度中；有些决定回到并生活在过去的梦幻世界、'一个再也不会存在的世界'，他们所有人在一个基本意念上达成一致，那就是他们'不属于那个他们的世纪'。"（MifZ 120）同样的刻画也出现在对布莱希特的描绘中①：

"在第一次世界大战的防御工事和装备战争中，他们从男孩成长为男人，世界的面貌在战争中才对他们显现。接着当和平到来的时候，世界需要他们忘掉痛苦和痛苦中的战友之情，并回归常态，重新坐回到书桌面前，追寻自己的事业，简而言之，需要他们像什么都没发生那样去行事。"（MifZ 258）

这些因"革命、通胀和失业"而失去的先辈，代表着"历经四年杀戮之后欧洲尚存完好的东西的脆弱"（MifZ 255）。不仅仅是世界中的人丢失了，而且世界本身也丧失了。阿伦特发觉这一点体现在布莱希特早期的诗歌中。"人们失去了他们的重量；他们像风一样失重穿过这个丧失的世界，不再逗留。"（MifZ 256）

瓦尔特·本雅明——阿伦特在群像集中对他也做了刻画——在他的《讲故事的人》（Der Erzähler）中也定格了同样的场景，即第一次世界大战所带来的丧失叙述能力的经验。叙述艺术的消失在本雅明看来，指明了一种

---

① 个人认为，这是文集中最为精彩的一篇。阿伦特在布莱希特诗歌的感性和活力、在"他笔下的冒险家和海盗潇洒恣意的欢呼"，以及他早年"胜利者的人生乐趣"中所感受到的愉悦，也让我们对他本人有所了解。在《人的境况》和与雅斯贝尔斯的通信中时常映入视野的精英贵族主义的特征，此时已经感受不到。我们可以理解，真正出于维护"健全理智"意义上的"共同感"对她来说是重要的，她对"世界异化"的警告也与布莱希特所说的"不要诱骗你们自己！"有着异曲同工之处。

"交换经验的能力"本身遭到损害的历史场景。"仿佛一种本来对我们来说不可转让的能力，一种在较为确定中最为确定的那种能力，被从我们身上夺走了。这种能力便是交流经验的能力。"①交流经验的无能也就意味着制造经验的无能。

"世界大战显然开启了一个至今没有停止的进程。难道我们在战争结束时没有留意到，人们是沉默着从战场归来的吗？可供交流的经验没有变得丰富，而是变得贫乏。……这不足为奇。因为对经验的掩盖从未像现在这样彻底，正如战略的经验被阵地战掩盖、经济的经验被通货膨胀掩盖、身体的经验被装备战争掩盖、道德的经验被当权者掩盖。当年乘坐马车去上学的一整代人，如今在荒野茕茕孑立，周遭风景斗转星移，只有白云依旧；而白云笼罩下摧毁一切的爆裂力场上，躺着渺小脆弱的身躯。"②

本雅明"丧失的经验"在他的结论中接近于阿伦特所说的"世界"的丧失。二位作者都描述了进行感受的人和世界之间的反思关系。如果我们将"经验"解释为人同时与自身和世界产生的关系的话——人通过感知世界感受着自身——那么自身经验和世界经验，也就是与自身的

① ［德］瓦尔特·本雅明：《讲故事的人》，全集卷Ⅱ 2，第439 页，美茵河畔法兰克福，1991。Walter Benjamin, *Der Erzähler*, *Gesammelte Werke Band* Ⅱ. 2, Frankfurt a. M., 1991, S. 439。

② 同上书，第 439 页。

关系和与世界的关系，是互相中介的。① 在阿伦特观察到的同时发生的世界丧失和自身丧失中，这一点似乎得到了确证。无论是她的还是本雅明的描述，自身和世界之间的异化都是双面的。世界本身变得陌生，是由于它摆脱了旨在可以被感受的结构和动力。而我相异于世界或者我自己的经验，则是因为我无法再以叙述的方式对其加以处理。这里所形成的经验，关系到个体自身产生经验或者说在一个共同世界中指涉经验的能力。阿伦特和本雅明，二者都把这种情况回溯到了难以克服的经验差异上（马车和阵地战，防御工事和市民世界）。人无法叙述的经历和感受，不能构成经验。回到个人同一性的问题，这意味着：叙述无能和在世界中迷失，是——个体的或者社会的——同一性受挫的症状。"能够叙述对同一性起到了建构的作用"，它是"把我们归为何种生命体的本体论条件"②。"叙事型同一性"这一标准，以及"讲故事"的可能性，不仅是个体同一性也是世界和历史同一性的条件。

但是，也正是在对本雅明的一瞥中，我们必须追问"叙事"（这一点也见于麦金泰尔的现代性批判中）理念背

---

① 在这个意义上，图尼森也将黑格尔在精神现象学中的经验概念阐释为关于"有经验的人"的日常观念，这个人是遍历世界的人（来自研讨课笔记）。

② ［美］塞拉·本哈比：《汉娜·阿伦特与叙述的拯救力量》，载［德］丹·迪纳编著：《奥斯维辛后的思考》，第 168 页，美茵河畔法兰克福，1988。

后的叙述模式。产生(与自己和与世界的)经验的可能性因此不应绑定在传统的叙述理想上，这一叙述理想很容易被用来证成某种关于同一性的和谐整合观念(本雅明对经验统一性被打破的进程明确表示过欢迎)。现代同一性虽然也需要统一性进行整合，但恐怕也需要借助杜布林的小说《柏林，亚历山大广场》①得到阐释。

---

① 《柏林，亚历山大广场》是德国 20 世纪初著名作家阿尔弗雷德·德布林(Alfred Döblin)享誉世界的代表作。德布林是德国表现主义文学运动的重要人物。医学博士出身的他也以军医的身份参加了第一次世界大战。在发表于 1929 年的小说《柏林，亚历山大广场》中，德布林描写了一位刑满释放人员在大都市柏林经历种种事故与遭遇，重新开始新生活的故事。本雅明在《小说的危机》这本文学批评集中高度评价了德布林的创作，认为这部小说采用了大量现代主义的蒙太奇手法，代表着旧式市民成长小说最后也是最高的阶段。——译者注

第五章　世界异化

　　"世界异化"是阿伦特对(现代)社会"病理学"诊断的重点。她用这个概念——与其将现代技术科学主导的自然关系刻画为"大地异化"不同——首先描述一种社会关系。

　　"当谈到现代时，无论怎样，世界异化都主导了现代社会的进程和发展，而大地异化一开始便是现代科学的标志。"(VA 258)

　　对世界的异化不仅意味着对物的世界的异化和前文所说的从公共领域抽离进入"内在自身"，它也造成社会语境的破碎，人们本来能够在这种语境中以彼此独特的面貌相互指涉、共同行动。但是当阿伦特把异化描述成为"世界异化"时，这反映出，她关心的不是被设定为前提的人的"内在本性"的异化，也就是说人在社会中相对于自己本质的异化。与世界的异化相反是相对于某个领域的异化，在这个领域中人通过使自己"相异"、表现得如同"陌生人"，从而指涉自己的生存可能性。世界异化是世界作为行动空间的异化，不是"家园"的丧失。

本章的论点是，如果我们要把阿伦特的世界异化概念理解为对异化现象的新型描述的话，那么这一概念便能够汲取异化思想的批判潜力。因此，在梳理完"世界异化"的不同维度之后，我将在第二部分探讨阿伦特所设定的"世界异化"和"自身异化"的对立，并把她的异化与马克思的异化概念进行比较。

世界异化：概念的维度

阿伦特没有对世界异化的概念做出系统的阐释。所以这一概念就像她的世界概念一样，也拥有诸多乍看上去互不关联的含义。"世界异化"既可以用来描述对"物的"世界的异化，也可以用来描述对作为公共领域和呈现空间的世界的异化。因此，对"世界异化"及其关系体各种不同含义加以重构时，我的出发点是这样一个问题，即对世界的异化——结合第三章中梳理出的概念维度——能够意味着什么（因此我不单会关注阿伦特本身就"世界异化"所做的明确阐述）。

"世界的去世界化"

在第一层意义上，"世界异化"可以理解为相对于(物)世界作为人类生存的客观对象领域的异化。两种过程造成了这个意义上人同世界的异化：（世界的）去本己化（Enteignung）和世界本身的去物化（Entdinglichung）。

作为现代资本主义生产方式（马克思意义上的"劳动者和生产资料相分离"）的发展和条件的去本己化在阿伦特看来意味着"去世界化"（Entweltlichung der Welt），其含义是指"特定的人类阶层被剥夺了世界中的一席之地并且沦落到为赤裸生命而斗争的地步"（VA 249）。乔治·凯特布如此总结阿伦特的论点："剥削者使得被剥削者异化于他们在世界中的根：那是最恶劣的剥削事件。"[①]"财产"因此在阿伦特那里意味着"世界中的一席之地"（VA 60），意味着对特定的、可以在场化的那一部分世界的占据。正如黑格尔赋予个人财产以外在实在性一样，在阿伦特这里，财产也代表着人类生存的"世界性实在"[②]。如果以海德格尔为背景来阐释的话，可以这样说，为了能够"在世"，我们必须始终成为世界的特定一部分。

同物的世界的异化的第二方面，与财产是世界中的

[①]　[美]乔治·凯特布：《汉娜·阿伦特：政治、良心与罪恶》，第 160 页，新泽西，1993。Kateb, George, *Hannah Arendt-Politics, Conscience, Evil*, New Jersey, 1993。

[②]　根据古代城邦观念，财产是自由人能够在世界中行动的前提。这一观念直接嫁接至现代社会当然极难让人信服，因为现代社会的财富绝不可能意味着自给自足。这正是阿伦特认为对现代世界的私人财产保护的追问是一个伪问题的原因。在她看来，去本己化的过程是现代社会的一个根本特征，以至于削弱了对财产应该私有还是公有的追问。

稳定居所这一特征有关。在那种将资本主义的发展辨识为通向"劳动社会"的发展的历史进程中，世界性的物所具有的对象性和稳定特征发生了消解。"财产"变成了"占有"(VA 57ff)。这样一来"现代生产过程作为世界的消灭"(VA 248)便呈现出来。阿伦特将其称为"对象世界的去物化"(VA 67)。现代生产方式的产品是"非世界性的"(unweltlich)：一方面是因为它无法持存，另一方面是因为它作为交换价值却失去了"物质"特征。被制造的物、"使用物品"(Gebrauchsgüter)的稳定性，屈服于"消费物品"(Verbrauchsgüter)的短暂性，而消费物品仅仅出于消费（或者为了交换）的目的被制造出来。[1] 阿伦特借助于马克斯·韦伯的描述，将其阐释为一种通向无限复归的过程化。因为资本的积累诱发了一个推动"世界异化原则"(VA 250)的过程：

"社会财富的增长过程产生于生命进程，为了从自身出发继续推动这一进程，社会财富的增长只有在牺牲世界和人的世界性的条件下，才能够实现。"(VA 250)

因此，世界异化在这个第一层含义上，是指世界的丧失，从而失去了稳定的和个体"属己的"领域。这扰乱了世界作为人的生存的"出场地"以及它作为"呈现空间"的特质。只有对象的稳定性——虽然只是相对的——才能形成回忆：世代围坐过的老旧桌子，祖母房子里的储

---

[1] 马克思将"去物化"理解为"物化"：交换价值可以理解为去除了（使用）对象的物质和感性特征。

物柜中还能找到先辈们的玩具，诸如此类。在物中被保存下来的历史不仅赋予物以某种"尊严"，它还将这些物变成了不以时间为转移的通向当下的"结晶体"。我们可以将之理解为文明批判的主题：变成消费物品的物不再叙述历史（在此可以与本雅明的收藏者角色进行比较）。

正如我们看到的那样，"世界异化"的概念在阿伦特那里与资本主义批判紧密相关。虽然没有摆脱被指责为"浪漫主义的反资本主义"（及其"使用价值的浪漫派"）的杂音——也就是那种对资本主义以及一般性现代生活关系的批判，针对的是关系的事物化、个人约束的消解以及"非人性的"抽象这些方面。[1] 但阿伦特的立场更具原创性。在她对现代做出的总体性批判中，她所关注的不是前现代传统关系的修复（尽管她关于经济的思想很模糊）。"去世界化"在她看来造成的不是与世界亲密关系的丧失，而是对象所具有的能够发挥建构作用的异己性和独立性的丧失。"世界异化"不等同于"无家园性"。不过再次与海德格尔接近的一点是，她也关注社会生产特征造成的"意谓性"（Bedeutungshaftigkeit）的毁灭。阿伦特这里的意图类似于费加尔在分析海德格尔的文明和技

---

[1] 左翼和保守因素在这种资本主义批判中，汇成显著的混合关系。例如维尔纳·桑巴特在他的《现代资本主义》一书中，怀旧式地将农妇与奶牛的关系，描述成一种私人的而非纯粹功利导向的联结。

术批判时所指出的那样。"去世界化"及其引发的相对于世界的异化，意味着世界"意义"的丧失："只有当某物在拥有独立性，从而我们与其发生关联的情况下，该物才算是有意义的——就如同一幅画，只有当保持适当距离时，才会被它所吸引并且琢磨出点东西一样。"[①]不过，前现代的状态对阿伦特来说不是那个"适当距离"的标准。

"去世界化"情形下的"与世界的异化"指的是什么？首先她造成了"再自然化"或者说倒退到了与社会的"生命进程"绑定的状态。当世界性的物失去了持存的性质，那么它们不再是人类塑造世界活动长久保留的痕迹，而人们也无法再与这些痕迹产生关联。劳动相对于制造，降格为一种类自然的、被排空的过程。[②]"世界异化"在这第一层含义上因此意味着世界去物化，以及对世界作为一个事实性的、现存的和可塑造的人类活动框架所具有的稳定性的否定。由于"世界"相对于"生命"构成了人类此在的塑造空间（海德格尔语：只有人才拥有世界），所以"世界异化"意味着倒退回幸存和不自由的强制，可

---

① [德]君特·费加尔：《只有距离才能产生美》，载《法兰克福汇报》，1995年6月14日。

② 在此我无法对阿伦特饱受争议的"劳动"和"制造"的区分问题做深入探讨。但我认为显而易见的是，当阿伦特将劳动与制造概念分离时，她——无论她能够从中获益哪种理论——没有切中马克思的劳动概念（劳动在马克思那里虽然是"与自然的物质交换"，但同时它也具有有目的的、有计划的制造的内涵，正如《资本论》中蜜蜂与建筑师的例子所呈现的那样）。

以被理解为塑造世界的无能——即使这种塑造发生在高超的技术水平之上。另外，伴随着同物的世界的异化，也出现了对人的限制性的否认——这是一种现代的"傲慢"，因为"世界"不过是人的（自我创造的）生活条件的总和（参见第二章）。所以，如果还用费加尔的话来阐释的话，"世界异化"意味着世界既太近又太远。

阿伦特和海德格尔：主体统治和世界异化

如果仔细考察阿伦特的哲学和海德格尔晚期作品之间的关系，那么我们会发现，他们之间存在着相似的主旨，也有着显著的差异。[①] 阿伦特将现代批判为"世界的去世界化"以及她坚持物具有独立性的观点，都与海德格尔"照护伦理学"（Ethik des Schonens）相去不远。二者的批判所涉主题不仅是世界的意义丧失，还包括这种丧失跟主体对世界的技术性占有需求（以及技术统治）之间的关系。所以阿伦特的"世界丧失"概念吸收了海德格尔主体批判的主旨，但没有得出晚期海德格尔所持有的"泰然任之"（Gelassenheit）和"让存在"（Seinlassen）的态度。如果说海德格尔批判的是主体的统治将存在变成了

---

① 最为集中的论述参见［美］丹娜·维拉：《阿伦特与海德格尔——政治的命运》，普林斯顿大学出版社，1996。Dana Villa, *Arendt and Heidegger-The Fate of the Political*, Princeton University Press，1996。

"持存物"（Bestand），从而造就了"存在的不可支配性"这一概念——根据这一概念，主体本身被理解为统治的主体，人的行动完全等同于工具性的支配，那么阿伦特便得出了超越这些选项的行动的概念。在她对世界概念的转译中，阿伦特能够以这种方式承继海德格尔哲学的潜力，而这一潜力在海德格尔本人那里仍然摇摆不定。因为在她的理解中，卷入到世界的实践性关系体与卷入到主体间的关联中是同源的（Gleichursprünglich），所以她对构成共同世界之物的"事实性"和"不可支配性"的理解与海德格尔有了差异。在共同行动塑造的世界中，"物"作为人的生存的意义空间保持着和它的关系，这个世界的"不可支配性"本质上不同于海德格尔后期思想中"存在的去蔽"，在存在的去蔽中，人成为（接受性的）"存在的守护者"①。但是阿伦特的行动概念并不只是使用自主主体的自我赋权取代了陌生权力的统治：一方面，"共同世界"不是产品，"共同行动"不是"目标的实现"。另一方面，即使行动是处于与其他行动结成的网络中发挥效力，也就是说不允许被等同于对世界的工具

---

① 图根特哈特对此提出了"世界概念的倒退"过程，它是指"世界"逐渐不再"被理解为意义的敞开和遮蔽的空间，而是被理解为存在者的无蔽的空间"，从而选择和真理问题的空间消失了。参见［德］恩斯特·图根特哈特：《胡塞尔和海德格尔的真理概念》，第 400 页，柏林／纽约，1970。E. Tugendhat, *Der Wahrheitsbegriff bei Husserl und Heidegger*, Berlin/New York, 1970, S. 400。

性支配时，世界在阿伦特那里依然是"人的世界"。如果说海德格尔没能再去对世界来源于人的塑造做出思考——在这种塑造中，世界没有成为"持存物"（也就是说没有形成主体的"目的论统治"）——那么阿伦特则以这种方式将事实性和自由、可支配性和不可支配性、"发生"和"行动"之间的关系把握为人的生存的条件，从而能够克服海德格尔陷入的自律和他律的糟糕两难。这意味着：在世界和自身的关系中，自主的（意志）主体的无条件支配不是与世界产生负责任的关系的前提，反过来，塑造和实践也不会构成对世界的物化的统治。此时阿伦特才承继了海德格尔世界概念的"物化批判"的潜力，并且在追问人的解放这重关系上，提出早期海德格尔的异化理论问题："我们如何在我们本身就是权力的情况下，成为权力的主人？"她的现代性批判由此获得了不同于海德格尔的关键转向。

世界异化作为同公共世界的异化

"世界的去世界化"对我们与世界作为公共领域的关系也产生了影响。当世界性的物"短暂即逝"或者说人类可以把捉的那一部分世界由于去本己化而逐渐丧失，那么由"世界"构成的外部可见的呈现空间也就消失了。这加速了从外部世界的抽离。社会化的人"成己"此刻只能通过"自身"，不再与稳定的"外部事物"绑定，也不再有世界性的"出场场地"。

阿伦特在这个意义上将"世界异化"称为"呈现空间的消逝和随即带来共同感的枯萎"（VA 204）。由此"世界异化"也具有了世界逃离①（向着私人领域）和内在化的含义。世界异化在此意义上意味着私人化和主体向自身的抽离——人的活动中被感受为本真的那一块领域，如今远离了世界中的公共活动，转向私人领域或者"内部世界"。同世界发生异化的是和外部世界以及"共同感"解除关系的主体——世界异化造成了"世界陌生"，用一般用语来说就是实在缺失（Realitätsuntüchtigkeit）。世界异化是从公共领域的抽身和同它的异化，在阿伦特看来，造成的后果便是一种"去现实化"。

当世界最终作为事实性的关联点，个体之间只有通过这个点才能制造出共同的公共关联，那么同世界的异化便会导致个体不仅不再能指涉对象世界，还无法再相互指涉。随着世界的对象性和意义性一起消失的，还有世界作为"桌子"把个体"同时结合又分隔开来"（VA 40）的功能。人的关系在世界异化的关系影响下，在阿伦特看来，要么变成了"无世界的"结合，要么以异己性为标志。"世界异化"因此同时摧毁了社会关系的结合及其内在的区分。在《极权主义的起源》一书中，她把这种状态

---

① 真正的、宗教激发的世界逃离、成为隐士以及某些禁欲实践，虽然被阿伦特偶尔当作例子引用，但将它们归为现代世界异化的社会现象，却显得牵强，因为这些属于个别实践，它们即使各自印记大不相同，但也几乎可以见于所有文化和历史场景。

描述为大众的"被遗弃"。共同世界瓦解了。以共同行动与共同世界发生关系时所产生的那种特殊形式的主体间性也随之受挫。主体间的关系建构了共同世界，个体又同时借由它才能意识到自己的独特性（多元性），同世界的异化却摧毁了这一关系。这个进程——阿伦特没有从历史哲学的角度去设想——的最终毒瘤，便是对人类做了极权主义的还原：把人类还原为"一个人"或者说还原为单纯的需求体和行为主体。凯特布认为："总之，世界异化是这样一个过程，众多被无情地削减成一个，人们和群体被以削弱或者废除同一性的方式纠集在一起。"[①]"世界异化"夺走了个体在上述发展个体同一性的意义上获得"独特性"和个体性的可能。伴随着共同世界的丧失，个体也尤其丧失了与世界的关联和与（共同）行动空间的关联。世界变得异化，在这个意义上意味着无法行动。世界不再是人以行动的方式加以指涉的塑造空间。人与人便没有了共同的"操心"对象，也无法再保证彼此是不同的。

世界异化本身——它的"去世界化"意味着去对象化——造成了世界作为呈现空间的枯萎，也造成了人异化于（作为共同世界的）世界和彼此之间的异化。那个我们总是已经被置入其中并从中出发才能行动的与世界之间的根本性关系，缺失了。人的自我决定本应是与自身

---

① ［美］乔治·凯特布：《汉娜·阿伦特：政治、良心与罪恶》，第 160 页，新泽西，1993。

和他人借由共同世界这个可以共同塑造的空间发生关联，"世界异化"却导致了自我决定的可能性的受阻。因此世界异化并不像阿伦特所设定的那样，严格地区分于"自我异化"这个她所反对的概念。异化在她那里是一种他人决定的形式，也就是说，交付给了无法自由塑造的"超越于人的进程"。"世界的物料性"是行动的背景和边界。阿伦特的世界异化概念因此对立于对世界作为主体活动产品的完全占有和支配的幻象。这种幻象构成了马克思的异化概念。

马克思和阿伦特：
自我是现代异化 vs 世界异化

阿伦特的《人的境况》总体上可以被解读为对马克思①的——虽然大部分是间接的——研究。她的"世界异化"概念也被其不停设定在与马克思的异化理论的批判性关联之中："世界异化而非马克思所说的自我异化，是现代的标志。"（VA 249）虽然听上去雄心壮志，但阿伦特并未将其思想阐述成为一个系统性的对立概念。我们只能从其理论发展处推测出她所意指的这种对立。接下来的思考将基于这样一种观点，即阿伦特的异化概念与马克思的异

①　也可以参见杨-布吕尔（E. Young Bruehl）在某个对马克思的研究项目中对《人的境况》成书背景的探讨，这个研究后来进一步拓展，既涵盖了《人的境况》，又涵盖了《论革命》。

化概念之间的共同意图，比她自己本应承认的更加广泛。

阿伦特的异化概念与早期马克思（还带有强烈的人类学假设）在《1844 年经济学哲学手稿》中所提出的异化概念的对立，提供了我们思考如下问题的背景，即她是否成功地对作为"世界异化"的"异化"现象做出了令人信服的全新描述。

马克思：异化的四重维度

如果说马克思在《1844 年经济学哲学手稿》[①]中梳理了"异化"的四重维度的话，那么这些维度描述了个体与自身的关系、与世界的关系以及与他人的关系。异化劳动在马克思看来，造成了工人同劳动产品的异化、同劳动行为本身的异化、同"类本质"的异化以及同其他人的异化。这些规定性的诸多方面——在现象层面——是与阿伦特所描述的"世界异化"一致的（这些共同点在理论性上都可以借助两位思想家的亚里士多德主义来得到解释）。

1. 劳动者与劳动产品的异化

在马克思的经典表述"工人对自己的劳动的产品的关系就是对一个异己的对象的关系"[②]中，产品是一种"异己的力量"并作为这种力量"统治着他的对象"[③]。尽

---

① 参见《马克思恩格斯文集》第 1 卷，北京，人民出版社，2009。

② 同上书，第 157 页。

③ 同上书，第 160 页。

管存在分析范畴的对立，我们依然可以将其与阿伦特所说的世界由于剥夺与过程化而产生了去世界化的思想相联系。自己的产品相对于工人而言是"异己的"，因为在劳动者与生产资料相分离的条件下，产品是不属于他的，而是作为商品处于他的对立面，或者他自身也变成了商品。① 马克思首先——这一点类似于阿伦特"物化的肯定概念"——肯定了人的能力，即在劳动产品中进行对象化并通过这一过程指涉自身及其劳动能力。② 对这种"异化"的诊断因而是指对以上述方式制造出来的对象的控制权的丧失。无论是马克思还是阿伦特，二者的描述都拥有同一个基本观念，那便是人无法再自由指涉那个对象世界。"剥夺"使人丧失了与世界作为可塑造领域之间的关联。两位思想家都在"剥夺"这个过程中看到了一种"自有动力"在起作用：成为"消费品"（阿伦特）的对象对意义的获取不再来自和人塑造世界之间的关联。在马克思的描述中，成为商品的劳动产品不再为了实现满足人的需求的目标，而是对立于生产者；被自身生产的

---

① 马克思将其称为"人的世界的贬值"："劳动生产的不仅是商品，它还生产作为商品的劳动自身。"（《马克思恩格斯文集》第1卷，第156页，北京，人民出版社，2009）

② 参见霍耐特对马克思的出发点的论述："构成人的核心能力的是，在他的劳动产品中把自身对象化的能力：只有在这种对象化的过程中，主体才会有机会确证自己的力量并相应拥有自我意识。"（［德］阿克塞尔：《社会病理学》，第23页，美茵河畔法兰克福，1995）

东西变成了"异己的力量"。此时我们似乎可以认为——正如阿伦特公然所做的那样,她指责马克思参与了将"生活变成至高的善"的过程——马克思对满足需求的导向将自身与阿伦特区别开来。但事实上马克思也追究对纯粹的生活必然性的超越。

2. 工人同自己的活动的异化

倘若我们观察马克思对异化的第二重规定,即工人在"生产行为"中"异化于自身",那么会发现,他与阿伦特在这里再次拥有相同的基本观点。二者都强调,劳动在异化的条件下[①]被还原为一种手段的特征:劳动"只是满足劳动以外的那些需要的一种手段",它对工人而言是"外在的",变成了一种"强制劳动"[②]。马克思也把异化的结果描述为人被还原为"肉体的存在",也就是说,变成了自然物:"结果是,人(工人)只有在运用自己的动物机能——吃、喝、生殖,至多还有居住、修饰等等——的时候,才觉得自己在自由活动,而在运用人的机能时,觉得自己只不过是动物。动物的东西成为人的

---

① 我在这里将异化劳动和世界异化的条件并置在一起。劳动倘若只是为了维持人的生存的话,那么对阿伦特而言,它——作为劳动和制造人为分离的结果,或者可以说是劳动的单薄化——并不有助于人的自我实现。而马克思的劳动概念中保留了制造的特征。

② 《马克思恩格斯文集》第 1 卷,第 159 页,北京,人民出版社,2009。

东西，而人的东西成为动物的东西。"①

　　"人的东西"在这里是一种劳动形式，它是自由的自我实现，超越了直接的欲望满足，是一种自我目的的活动。对阿伦特而言，"劳动"是一个无法扬弃的异化领域，马克思与其相对之处在于，他在劳动本身中发现了超越直接的欲望满足的自我实现的自由潜力。马克思也以此方式（亚里士多德主义的）将纯粹的生活区分于良好的生活，只不过他将二者都奠基于劳动作为人的一项基本活动之中。

　　3. 人同其类本质的异化

　　马克思认为："异化劳动，由于（1）使自然界同人相异化，（2）使人本身，使他自己的活动机能，使他的生命活动同人相异化，因此，异化劳动也就使类同人相异化；对人来说，异化劳动把类生活变成维持个人生活的手段。"②"类本质"这一术语并未受到阿伦特的青睐，因为她在发现其中流露出人作为自然物的观点，但在这种描述中，我们可以发掘出与阿伦特相去不远的一种含义，那就是"类本质"作为文化或者人的"世界"。马克思把对象世界的生产理解为"朝向类本质的行为"。这是一种脱离直接的需求束缚的"第二自然"。同样马克思在这里也体现出"伦理化"的可能性（黑格尔的教化思想）。反过来，同类本质的异化被描述为同普遍事物的异化。

────────────

① 《马克思恩格斯文集》第 1 卷，第 160 页，北京，人民出版社，2009。

② 同上书，第 161—162 页。

"把类生活变成维持个人生活的手段",这种生活一旦具备了伦理关系为其自身之故的属性,那么类生活的功能化在黑格尔的意义上便是"非伦理的"关系。阿伦特的公共领域概念作为摆脱个人利益的共同事物,同样拥有这种结构。① 当然,尽管如此,在"类本质"的表述中,也存在着阿伦特和马克思的核心对立。但阿伦特依然坚持认为,"世界"不是人的"本质"的简单表现或者复印,而是一个自成一体的物化。

4. 人同人的异化

如果说阿伦特的观点是,人与他人的关联会随着人与在他们之间存在的"世界"的关联共同消失的话,那么马克思也认为异化劳动会造成人同他人的异化:"人的类本质同人相异化这一命题,说的是一个人同他人相异化,以及他们中的每个人都同人的本质相异化。"这意味着:他们之间无法像类生活对于他们而言构成目的本身那样,成为彼此的目的,他们变成了彼此的手段。"在异化劳动的条件下,每个人都按照他自己作为工人所具

---

① 这并非是说,可以毫无障碍地同时在转化上毫不费劲地将"类本质""世界"以及"普遍物"等概念相互转译。费尔巴哈将黑格尔的"普遍物"加以人类学化并使之转变成"类本质"的概念(被马克思所采纳),也不是完美无瑕的。在"世界"或者"公共领域"和"普遍物"之间,黑格尔还区分了(纯粹的)共同性和普遍性,而这一区分在阿伦特那里是缺失的。此处所论述的仅仅是说,所有这些概念都基于一个类似的问题。

有的那种尺度和关系来观察他人。"①每个人都将他人视为商品。异化了的关系在这个意义上是工具性关系。同样在阿伦特的"世界异化"概念中，成功实现主体间关系的可能性——相互承认为不同的个体或者自身的目的——也消失殆尽。

同世界相异化，也便异化于他人和自身，也就（阿伦特）异化于在世界上作为个人以行动的方式去自我创造的可能性。

世界异化 vs 自我异化

异化在马克思和阿伦特那里都意味着人同那个潜在的自由本质的异化，这个自由本质能够通过塑造其周围世界，指涉自身。二者的一致想法是将异化刻画成人与那个他在其中无法实现自身所设目标的世界之间的关系。异化因此在二者那里都是一种他人决定②或者他人统治，这种决定或者统治不再以个人的而是以事实化了的强制面目出现的。

对马克思而言，这体现在劳动产品作为"不依赖于生

————————

① 《马克思恩格斯文集》第 1 卷，第 164 页，北京，人民出版社，2009。

② 异化概念的意义因此不在于——正如盖伦试图欺骗我们那样——对对象的自立性（Selbständigkeit）提出质疑。它本质上反映出一种统治关系。当事物以"异己的"方式被掌握时，它们便是异己的。例如类的进步无法使生产者受益，并且生产者也不是出于自身的缘故去追求这种进步。

产者的力量"对立于生产者。这种独立性恰恰不是事实性或者稳定性，它们是阿伦特所描述的世界具有的物的特征。这是不依赖于人或者工人而运作的过程的独立性。[①]

对两位思想家来说，异化的过程都体现为向自然的还原或者倒退，在马克思那里是"肉体的存在"，而在阿伦特那里则是"生活"。异化——这一描述适用于二者——把人和作为幸存的生活绑定在了一起，将其异化于人的世界。异化因此并非首先同自然的异化，而是同人的活动可能性（劳动或者行动）的异化。同世界的异化造成了同自身能力和他人的异化。

通过将"世界异化"对立于"自我异化"，阿伦特展现出了她对马克思的质疑，她认为马克思陷入了"现代主体主义"（VA 363）。因此，通过把异化描述为"世界异化"，她反对马克思并强调，异化是同世界的事实性和物性、是同世界作为呈现空间和"外部"的异化，而不是同被预设的"自身"的异化。所以在这个意义上，阿伦特想指出，异化的主要问题不是人同自身的异化，而是和世界之间关联的萎缩。

但是世界异化和自我异化的对立在这个层面上并非决定性的。正如我们所看到的那样，马克思的自我异化同样也可以理解为同世界的异化；反过来，阿伦特的世界异

---

① 马克思指出了所有制以及资本和劳动的分离，与马克思相比，阿伦特一方面显得较为幼稚，另一方面她有着技术批判的视角，进程一旦开启，事实上便没有人能够将其视为有意识的目标。

化当然也意味着人同其自身和其能力的异化；只有借助于同世界的关联才能成功产生与自身的关联，这一点在个人概念上已经显而易见。但马克思异化概念的一个真正的替代选项，需要落实在一个"更深"的层面上并且会产生诸多问题，这些问题也是如今重构异化概念时会遭遇到的。

（人类学）基本假设的差异在这里发挥着效果：如果说在阿伦特那里，塑造世界的能力是那个基本假设的话，那么在马克思那里则是人在劳动中进行对象化的能力，而人异化于这种能力。马克思异化概念的主体主义不体现在对世界的淳朴的淡漠，而是体现在世界作为主体活动的产品。在这个意义上，阿伦特虽然部分承认马克思对资本主义生产方式"去世界化的"特征的洞见，但不同于阿伦特，马克思身上贯彻了"极端的现代主体主义"："马克思所构想的理想社会甚至将世界异化继续推进为资本主义社会；因为在这个社会中，生产者将其个体性加以'对象化'，也就是说制造了一个'世界'，在世界中'我们的生产就如同镜子，映射出我们的本质'。"（VA 363；阿伦特在这里引用了关于工业是"一本打开了的关于人的本质力量的书"的著名段落）对"世界"的优先地位及其"质料性"和"异己性"的坚持，是超出马克思的唯物主义的地方，这种超出被阐发为对马克思的终极"唯心主义"（意识哲学的）基础的批判。将异化理解为"世界异化"在此意义上意味着，与（黑格尔的）精神的自我外部化模式保持了距离。在这个基本概念性的方面，我们可以对世界异化作为自我异化的替代选项做出这样的描述：人不是异化于自身的外部化（或者用黑格尔的话：精神的外部化），而是异化于世界，那个他——以实用主义的方式——总是已经投身其中的世界，这个世界虽然是可塑造的，但却不是他在主观目的论意义上的产品。不是同他的（类）本质相异化，而是与他在世界中（不可预见的）行动的可能性相异化，这才是"世界异化"这个概念所要表达的。虽然马克思没有谈及人具有一个业已预设的"本质"——世界在马克思那里是人的世界，人从根本上确信，他通过劳动来生产自身——但这种"类的自我生产"就如同遵循着一个计划一样。正是这种思想，对阿伦特是陌生的。在她的意义上，异化不能被理解为同一个"本质"、人的"自然"或者同（历史哲学所阐发的）人类生存的目的相异化。①

　　马克思和阿伦特在异化概念上的差异因此可以归结于两个（相互关联的）点。首先阿伦特坚持世界的"客观性"和"质料性"以及被建构的异己性和独立性，从而站在了在世界中行动的主体的对立面，用海德格尔的话来说，就是坚持"客观"的事实性。从中引发的第二点则是对根本上不可支配性的洞见，这种不可支配性可以被描

---

　　① 马克思的异化概念在方法论上的主要问题在于其内部设定了一种强烈的人类学假设。但阿伦特的基础是否可以称为"弱化的"人类学，仍然成疑。因为这里人的行动特质以及多元性等强烈假设也起到了作用，即使只是一种"可能性的人类学"。

述成对"我们行为的特质"的承认（普莱斯纳）。作为社会的语境，世界是"不可支配的"，其含义是指人的行动是在"人的各类事务（所具有的主体间）结构"中发生的，因而不是完全可以预测的。恰恰这种世界的主体间建构性，在此意义上构成了相对于主体目标设定的独立性。就此而言"世界"同时总是异己的——对异化的扬弃无法扬弃这种根本性的异己性。世界异化因此意味着没有办法将这种异己之物承认为异己之物，并在这个基础之上指涉自身。也就是说，阿伦特承认"异化"在人与人以及人与世界关系之间的中介特质，它也是一个根本性的环节。世界异化从而首先意味着没有能力在这个基础之上自由地进行塑造活动。所以世界异化对阿伦特而言，正是现代的自然掌控（Naturbeherrschung）的状态，在这种状态中，人只能是"自我创造之物"。在排除行动的意义上，那种具有充分的可计划性和可预见性特征的社会状态便是异化的[①]（她对自然掌控和社会技术的批判是同时进行的）。"世界异化"因此不是指在世界中——这个"我的类活动的镜子"——无法"辨识"我自己，而是无法去行动。

这种新型描述不仅仅会对和自然掌控之间的关系[②]，

---

① 所以凯特布会说，阿伦特的异化概念与马克思和黑格尔的对异化的扬弃思想有高度的相近之处。

② 对此凯特布说道："阿伦特弱化了、或许破坏了马克思主义视角下的人类统治成就和克服异化之间的关联。"（[美]乔治·凯特布：《汉娜·阿伦特：政治、良心与罪恶》，第162页，新泽西，1993）

也会对用于描述一种"非异化的"状态的社会关系体的特质带来诸多后果。如果说在马克思那里"自由的联合体"——作为一种普遍化的共同体①——是作为直接的、非异化的社会关系模式而出现的话，那么在阿伦特那里，"共同世界"的特点则是它"既结合又分离"着诸个体。对她来说，"异化的扬弃"不是对中介的扬弃。她坚持的恰恰是世界既被中介又中介着的特质，这种特质例如体现在通过机制对共同生活加以调控的必然性上，但反过来，这些机制也需要行动着的人的积极塑造和支持。因此在阿伦特那里，"政治"作为"人的事务"的维度被保留下来，而马克思则倾向于废除政治。

　　阿伦特对异化概念②的批判已经颇具影响力，就这一点而言，我们可以说，她承认"我们行为的固有特征"，但却拯救了异化概念的社会哲学的意义。阿诺德·盖伦相反则尝试，通过指出费希特和黑格尔的异化描述中的缺陷以及异化关系的终极的人类学结构，来否

---

① 社会是一个"异化了的"关系，这一表述至今常常被理解为所说的是事物化的、物化的关系或者角色行为等。背后多少则隐藏着对非事物化的、直接的共同体的混乱的期望。

② ［德］阿诺德·盖伦：《异化中诞生的自由》，载《哲学行动理论》，美茵河畔法兰克福，1983。A. Gehlen, Die Geburt der Freiheit aus der Entfremdung, in: *Philosophische Anthropologie und Handlungslehre*, Frankfurt a. M., 1983。类似观点也可参见［德］普莱斯纳：《公共领域和异化问题》，哥廷根，1960。Plessner, *Öffentlichkeit und das Problem der Entfremdung*, Göttingen，1960。

认作为异化概念基础的社会现象。在"异化"概念由于使用过程中不得不承认的随意和浅薄态度而信誉扫地之后，或许可以借助于阿伦特的"世界异化"，对社会异化的关系重新提出社会哲学视角的追问。

参考文献

ARENDT，Hannah，*Elemente und Ursprünge totaler Herrschaft*，München，1986.

ARENDT，Hannah，*Macht und Gewalt*，München，1987.

ARENDT，Hannah，*Menschen in finsteren Zeiten*，München，1989.

ARENDT，Hannah，*Über die Revolution*，München，1986.

ARENDT，Hannah，*Vita Activa*，München，1987.

ARENDT，Hannah，*Vom Leben des Geistes*，*Band 1: Das Denken*，München，1979.

ARENDT，Hannah，*Was ist Politik?*，München，1993.

ARENDT，Hannah，*Zwischen Vergangenheit und Zukunft*，München，1994.

ARISTOTELES, *Politik* (*übers. O. Gigon*), München, 1973.

BARASH, J. A. , Die Auslegung der öffentlichen Welt als politisches Problem: Zu Hannah Arendts Heidegger-Deutung, in: D. Papenfuss, O. Pöggeler (Hg.), *Zur Philosophischen Aktualität M. Heideggers*, Frankfurt a. M. , 1990.

BELARDINELLI, Sergio, Martin Heidegger und Hannah Arendts Begriff der "Welt" und "Praxi", in: D. Papenfuss, O. Pöggeler (Hg.), *Zur Philosophischen Aktualität M. Heideggers*, Frankfurt a. M. , 1990.

BENHABIB, Seyla, Hannah Arendt und die erlösende Kraft des Erzählens, in: Dan Diner (Hg.), *Denken nach Auschwitz*, Frankfurt a. M. , 1988.

BENHABIB, Seyla, Modelle des öffentlichen Raums: Hannah Arendt, die liberale Tradition, Jürgen Habermas, in: *Soziale Welt 42*, 1991.

BENHABIB, Seyla, Der öffentliche Raum bei Martin Heidegger und Hannah Arendt, in: *Mittelweg 36*, 6/1994.

BENHABIB, Seyla, The *Reluctant Modernism of Hannah Arendt*, Sage Publications, London, 1996.

BENJAMIN, Walter, Der Erzähler, in: *Gesammelte Werke Band II . 2*, Frankfurt a. M. , 1991.

BÖHLER, Dietrich: A. Gehlen, Die Handlung, in: Josef Speck (Hg.), *Grundprobleme der großen Philosophen*, *Philosophie der Gegenwart 2*, Göttingen, 1973.

BRAUN, M. , *Hannah Arendts Transzendentaler Tätigkeitsbegriff*, Frankfurt a. M. , 1994.

CANOVAN , Margaret, *Hannah Arendt. A Reinterpretation of her Political Thought*, Cambridge, 1992.

D'ENTRÈVES, Passerin Maurizio, *The Political Philosophy of Hannah Arendt*, New York, 1994.

DREYFUS, Richard, *Being-In-The-World. A Commentary on Heidegger's Being and Time*, Cambridge, 1991.

GEHLEN, Arnold, Die Geburt der Freiheit aus der Entfremdung, in: Ders. , *Philosophische Anthropologie und Handlungslehre*, Frankfurt a. M. , 1983.

GEHLEN, Arnold, *Der Mensch. Seine Natur und seine Stellung in der Welt*, Bonn, 1958.

HABERMAS, Jürgen, Hannah Arendts Theorie der Macht, in: Adalbert Reif (Hg.), *Hannah Arendt-Materialien zu ihrem Werk*, Wien, 1978.

HABERMAS, Jürgen, Individuierung durch Vergesellschaftung, in: *Nachmetaphysische Schriften*, Frankfurt a. M. , 1992.

HABERMAS, Jürgen, *Strukturwandel der Öffentlichkeit*, Frankfurt a. M. , 1990.

Hannah Arendt-Karl Jaspers, *Briefwechsel 1926-1969*, München, 1985.

HEGEL, G. W. F., *Grundlinien der Philosophie des Rechts*, *Werke Bd*. 7, Frankfurt a. M., 1989.

HEGEL, G. W. F., *Jenaer Schriften*, *Werke Bd*. 2, Frankfurt a. M., 1986.

HEIDEGGER, Martin, *Grundbegriffe der Metaphysik (Vorlesung 1929/30)*, *Gesamtausgabe Bd*. 29/30, Frankfurt a. M., 1983.

HEIDEGGER, Martin, *Sein und Zeit*, Tübingen, 1984.

HEIDEGGER, Martin, Der Ursprung des Kunstwerks; in: *Holzwege*, Frankfurt a. M., 1950.

HEIDEGGER, Martin, Das Wesen des Grundes, in: *Wegmarken*, Frankfurt a. M., 1976.

HOBBES, Thomas, *Der Leviathan (Hg. und eingeleitet von I. Fetscher)*, Frankfurt a. M., 1984.

HÖFFE, Otfried, in: Kemper, Peter (Hg.), *Die Zukunft des Politischen*, Frankfurt a. M., 1993.

HONIG, Bonnie, Towards an Agonistic Feminism: Hannah Arendt and the Politics of Identity, in: J. Butler/J. Scotts, *Feminists Theorize The Political*, New York/London.

HONNETH, Axel, *Kampf um Anerkennung*, Frankfurt a. M., 1992.

HONNETH, Axel, *Pathologien des Sozialen*, Frankfurt a. M. , 1995.

KATEB, George, *Hannah Arendt-Politics*, *Conscience*, *Evil*, New Jersey, 1993.

KOSELLECK, Reinhart, *Kritik und Krise. Eine Studie zur Pathogenese der bürgerlichen Welt*, Frankfurt a. M. , 1989.

MARX, Karl, *Ökonomisch-Philosophische Manuskripte*, *MEW Ergänzungsband I*, Berlin, 1968.

RIEDEL, Manfred, Hegels Begriff der bürgerlichen Gesellschaft und das Problem seines geschichtlichen Ursprungs, in: Ders. (Hg.), *Materialien zur Hegelschen Rechtsphilosophie Bd. 2*, Frankfurt a. M. , 1975.

PLESSNER, Helmuth, Grenzen der Gemeinschaft, in: *Macht und menschliche Natur*, *Schriften Bd. 5*, Frankfurt a. M. , 1981.

PLESSNER, Helmuth, *Das Problem der Öffentlichkeit und die Idee der Entfremdung*, Göttingen, 1969.

RENTSCH, Thomas, *Martin Heidegger-Das Sein und der Tod*, München, 1989.

ROUSSEAU, Jean-Jaques, *Bekenntnisse*, Frankfurt a. M. , 1985.

TAYLOR, Charles, Bedeutungstheorien, in: *Negative Freiheit?*, Frankfurt a. M. , 1992.

TAYLOR, Charles, *Multikulturalismus und das Problem der Anerkennung*, Frankfurt a. M., 1993.

TAYLOR, Charles, *Quellen des Selbst*, Frankfurt a. M., 1994.

THEUNISSEN, Michael, *Der Andere*. Berlin/New York, 1975.

THEUNISSEN, Michael, *Selbstverwirklichung und Allgemeinheit*, Berlin/New York, 1982.

TÖNNIES, Ferdinand, *Gemeinschaft und Gesell-schaft*, Darmstadt, 1991 (Nachdruck der 8. Aufl. 1935).

TOQUEVILLE, Alexis de, *Über die Demokratie in Amerika*, München, 1976.

TUGENDHAT, Ernst, *Selbstbewußtsein und Selb-stbestimmung*, Frankfurt a. M., 1979.

TUGENDHAT, Ernst, *Der Wahrheitsbegriff bei Husserl und Heidegger*, Berlin und New York, 1970.

VILLA, Dana R., *Arendt and Heidegger-The Fate of the Political*, Princeton University Press, 1996.

WELLMER, Albrecht, *Endspiele. Die unversöhnliche Moderne*, Frankfurt a. M., 1993.

WOLIN, Richard, *Seinspolitik. Das politische Denken Martin Heideggers*, Wien, 1991.

YOUNG-BRUEHL, Elisabeth, *Hannah Arendt. Leben, Werk und Zeit*, Frankfurt a. M., 1991.

译后记

　　拉埃尔·耶吉教授的《世界与人》是她篇幅最小的一本专著，也是她正式进入学术界的第一本书。除了展露出她在批判理论领域所接受的扎实的学术训练以外，本书也在某些地方揭示了与其后来出版的更具影响力的著作之间的联系。譬如对阿伦特"世界异化"的阐述，是她之后在《异化》一书中对该问题展开全面思考的来源之一。其在《生活形式批判》中所提出的具有集体实践特征的"生活形式"概念，无疑也受到了阿伦特将政治界定为主体间行动领域的影响。作为批判理论哲学家，耶吉教授的这本书，正是批判理论学界接受、汲取阿伦特思想的一份例证。将这本书的副标题命名为"阿伦特社会批判的人类学背景"，而非更具本体论意义上的"阿伦特社会批判的人类学'基础'"，其实正体现了阿伦特理论的后形而上学以及反本质主义特征，这也是整个批判理论发展演变的趋势之一——本质让位于背景，目的让位于过程。对这个趋势的把握，读者们在阅读完耶吉教授的其他著作之后，必然会有更深刻的体会。

本书在翻译过程中遇到的困难或许并不在于耶吉教授自己的表达风格——总体而言，至少在本书中，她的表达平实易懂——而在于她在书中对阿伦特和海德格尔的相互参照。因此，在涉及海德格尔那些晦涩难解的概念和术语时，我参考了国内通行的中文译本，同时也"狂妄地"就一两个术语给出了自己的翻译意见，希望能够尽量还原本意。这些地方已经单独标记，以供大家批判。耶吉教授在书中引用的阿伦特的文本，我在翻译过程中并未参照中文译本，而是直接从德语译成。想必同样存在诸多不足之处，希望专家学者、前辈同行不吝指正。在译文表达风格上，我尽量拆分那些比较长的德语句子，使用多个中文短句呈现出来，读起来更符合中文习惯。

最后，感谢耶吉教授对我翻译工作的支持。也感谢北京师范大学田毅松教授和清华大学王贵贤教授选择我作为这本书的译者，参与到整个耶吉作品系列的翻译工作中。我对此感到十分荣幸。

2023 年 3 月

郑朗于柏林

图书在版编目（CIP）数据

世界与人 /（德）拉埃尔·耶吉著；郑朗译. —北京：北京
师范大学出版社，2023.3
（耶吉作品系列）
ISBN 978-7-303-28938-7

Ⅰ.①世… Ⅱ.①拉… ②郑… Ⅲ.①哲学－研究 Ⅳ.①B0

中国国家版本馆 CIP 数据核字（2023）第 023841 号
北京市版权局著作权合同登记号 图字：01-2021-4112 号

营 销 中 心 电 话 010-58805385
北 京 师 范 大 学 出 版 社
主题出版与重大项目策划部

SHIJIE YU REN
出版发行：北京师范大学出版社 www.bnupg.com
北京市西城区新街口外大街 12-3 号
邮政编码：100088
印 刷：北京盛通印刷股份有限公司
经 销：全国新华书店
开 本：890 mm×1240 mm 1/32
印 张：5.75
字 数：120 千字
版 次：2023 年 3 月第 1 版
印 次：2023 年 3 月第 1 次印刷
定 价：48.00 元

策划编辑：祁传华　　　　　　　　　责任编辑：祁传华
美术编辑：王齐云　　　　　　　　　装帧设计：王齐云
责任校对：陈　民　　　　　　　　　责任印制：赵　龙

版权声明